KB233102

선택적 장학

선택적 장학

A. A. Glatthorn 저

충남대학교 교수
주 삼 환 역

한국학술정보[주]

Allan A. Glatthorn

Differentiated supervision, Alexandria, VA:
Association for Supervision and Curriculum
Development, 1984.

서 문

　Allan Glatthorn 교수는 장학의 실제에 대한 아주 실질적이고 유용한 지침을 제시해 주고 있다. Glatthorn 교수는 수업장학을 위한 선택장학의 이론적 근거에서 제시한 목적을 분명히 달성하고 있다.

　Glatthorn 교수는 또 그가 주장하는 네 가지 접근, 즉 (1) 임상장학, (2) 협동적 동료장학, (3) 자기장학, (4) 전통적 장학의 주요 특성을 간략하게 분석하여 제시하고 있다. 이 네 가지 접근의 각각에 대하여 관련연구 고찰, 설명적 예, 주요 강점과 약점을 말해 주고 있다. 그리고 장학방법의 적용 상의 시사점 또한 중요한 암시를 줄 것이다. 여기에 제시된 풍부하고 훌륭한 참고문헌 역시 네 가지 접근 모두를 연구하는 데 보다 상세한 정보를 제공해 줄 것이다.

　이론, 연구, 비평적 분석, 실제에 대한 고찰을 훌륭하게 결합한 점은 미국 ASCD(Association for Supervision and Curriculum Development, 미국장학교육과정개발학회장)가 장학, 교육과정 개발, 수업의 모든 측면에서 광범하고 효과적인 대안을 제시해 온 전통에서 나온 결정체라고 하겠다. 이 장학방법은 교사, 교육행정가, 장학담당자, 그리고 수업개선에 관심 있는 여러 독자들에게 큰 도움이 될 것으로 믿는다.

미국장학교육과정개발학회장

Phil C. Robinson

저자 서문

　이 책은 장학의 선택적 체제의 개발과 검토에 대하여 수년간 연구한 결과의 산물이다. 이 장학방법의 근본적인 출발점은 모든 교사에게 임상장학이 필요한 것은 아니며, 또 경험 있고 능력 있는 교사에게는 장학에 있어서 어떤 선택의 기회를 주어야겠다는 데서 비롯되었다.

　이 책은 교사의 필요성과 조직의 자원이라는 두 가지 측면으로부터 요구를 내세우며 선택장학의 이론적 근거를 제시하고 있다. 그리고 다음 네 개의 장은 교사에게 제공될 네 가지 선택적 접근에 대하여 살펴보게 된다. 즉 (1) 훈련받은 장학담당자에 의하여 실시되는 집중적 관찰과 피드백으로 특징지을 수 있는 임상장학(clinical supervision), (2) 소집단의 동료교사들이 팀을 이루어 상호성장을 위해 함께 협동하는 협동적 동료장학(cooperative professional development), (3) 교사 개인이 자신의 성장에 대하여 주로 책임을 지는 자기장학(self-directed development), (4) 행정가가 잠시 교실방문을 하고 협의하는 과정으로 이루어지는 전통적 장학(administrative monitoring)에 대하여 살펴보게 된다. 6장에서는 이 네 가지 이외에 선택적 방법으로 이용할 수 있는 특별한 방법에 대하여 검토하게 된다. 여기에는 학생의 피드백 방법, 비디오테이프 분석 방법, 반성적 일지 방법이 포함된다. 마지막 장에서는 일반적으로 효과적이라고 생각되는 적용과정에 대하여 어떤 제안을 하려고 하였다. 그리고 마지막 장에서는 교사와 장학담당자, 행정가가 이러한 아이디어에 대하여 협의할 기회를 갖고 각자의 요구에 대하여 검토한 다음 각 학교는 학교 나름의 장학체제를 개발하여야 한다는 것을 강조하였다.

이 선택장학이 효과적인 장학을 제공하려는 문제에 결정적 해답을 주는 것이라고 주장하는 것은 아니라는 점을 독자는 이해해야 한다. 물론 여러 분야에서 검증해 본 우리의 경험에 의하여 이러한 장학체제가 실현 가능하다는 점이 밝혀졌고 또 참여하는 사람들에게 긍정적 효과를 주었다. 그러나 이러한 장학방법이 교수(teaching)라는 병을 치료하는 만병통치약은 아니다.

앞에서 지적한 바와 같이 이 장학체제는 수년 간에 걸친 예비검증과 탐색연구를 통해서 개발된 것이다. 그러므로 저자는 여기서 예비연구의 수행과 평가의 실시, 그리고 건설적인 피드백을 통해서 선택장학의 접근을 개선하도록 저자를 도와준 모든 박사과정의 학생들에게 전문적, 개인적 빚을 지게 된 데 대하여 깊은 감사를 드린다. 또한 이 연구에 협조해 준 장학사, 행정가, 교사들에게 깊은 감사의 뜻을 표하고자 한다.

저자 Allan A. Glatthorn

목 차

1

선택장학의 이론적 근거

현재 대부분의 학교에서 실시되고 있는 장학과는 달리 교사들은 자기들이 받고 있는 장학의 종류에 대하여 스스로가 선택할 수 있어야 한다. 미국의 경우에 대부분의 교사들이 직무수행에 대한 평가를 받기 위해 교장에 의해 1년에 한두 번 수업 관찰을 받는다.(역주: 한국에서도 1년에 한두 번 장학사의 장학을 받으며, 교장·교감의 순시는 자주 받는다). 좀 미래지향적인 학교에서는 교장이나 장학사가 모든 교사들에게 임상장학을 적용하려고 시도하고 있다. 그러나 어떠한 경우에도 교사들에게 선택의 기회가 주어지는 경우는 없다. 교사들마다 각각 다른 필요와 욕구를 가지고 있음에도 불구하고 모든 교사들을 똑같이 장학하고 있다.

그런데 선택장학 체제에서는 비록 제한된 범위 안에서이긴 하지만 교사들은 (1) 임상장학을 받고자 하든지, (2) 협동적 동료장학 프로그램에서 동료교사와 함께 협동하고자 하든지, (3) 자기 자신의 전문적 성장을 지향하여 자기장학을 하든지, 아니면 (4) 행정가에 의한 교수감독을 받는 전통적 장학을 선택할 수 있게 된다. 즉 교사들은 개인적 선택으로 자신들의 특별한 필요와 욕구를 보다 충족시킬 수 있으리라는 기대 하에 선택의 기회를 갖게 되는 것이다.

장학의 성격

선택장학의 이론적 근거를 제시하기 전에 먼저 이 책에서 장학(奬學, super-vision)이라는 용어를 어떻게 사용하고 있는지를 보다 정확히 정의할 필요가 있다. 장학에 관한 많은 서적에서 이 장학이란 용어는 넓은 의미로 사용하고 있다. 예를 들면 Harris(1975)는 다음과 같이 정의하고 있다.

> 학생의 학습을 증진시키기 위하여 사용되는 교수과정에 직접적으로 영향을 주는 방법에 의하여 학교운영을 유지 또는 변화시키기 위하여 학교인사가 사람과 사물을 다루는 것(p.16).

이러한 광범한 정의는 전체 장학기능을 살펴보는 데는 유용하지만 이 책에서 사용하기에는 너무나 포괄적이다. 이 책에서는 교실의 수업장학에 주로 관심을 두고 있기 때문이다. 그러므로 여기서 장학이란 용어는 다음과 같은 의미로 사용하고자 한다.

> 장학은 주로 교사에게 교실의 상호작용에 대하여 피드백을 제공해 주고 또 그들로 하여금 보다 효과적인 교수를 할 수 있도록 이 피드백 자료를 사용하도록 도와줌으로써 교사의 전문적 성장을 촉진하는 과정이다.

　이 정의는 현직 연수프로그램의 제공과, 교육과정 개발에 교사를 참여시키는 것과 같은, 교사의 전문적 성장을 촉진시키는 것과 같은 그런 방법을 포함하지 않고 있다. 이러한 활동은 분명히 유용하고도 생산적이지만 이 책의 주요 관심은 아니다. 또 이러한 정의는 의도적으로 교사의 직무수행에 관한 체계적 평가는 포함시키지 않고 있다. 물론 교사평가는 학교행정가의 주요 기능이지만 장학과 구별되는 기능으로 보아야 한다. 만일 한 교육구가 이 선택장학 프로그램을 적용하고자 한다면 효과적인 어떤 교사평가 체제를 계속해서 사용해도 상관없다.

　이 책은 수업장학의 선택적 체제에 관심을 갖고 있기 때문에 어떻게 수업에 관한 장학을 받느냐에 관해서는 교사에게 선택의 기회를 제공하려는 것이다.

선택장학체제의 이론적 근거

　이 장학체제는 왜 필요한가? 그 이유 가운데 중요한 것은 다음과 같이 세 가지를 들 수 있다.

　첫째, 행정가와 장학사에 의한 표준적인 장학의 실제는 흔히 부적절하고 비효과적이라는 점이다. 미국 테네씨 주에서 장학의 실제가 어떠한 상황에 있는지에 대한 Lovell과 Phelps(1976)의 연구결과에 의하면 전반적으로 국가 전체가 전형적인 일률적인 장학형태를 취하고 있으며, 다른 여러 연구결과와 마찬가지로 현재의 장학의 실제가 부적절하다는 증거들을 제시해 주고 있다. 조사대상 미국 교사의 80% 이상이 연구를 실시한 당해연도에 한 번도 수업관찰을 받지 않았으며, 수업관찰을 받은 경우에도 사전협의회나 사후협의회가 없었다고 보고하였다. 이외에도 현행 표준적 장학의 실제가 비효과적이라는 증거는 얼마든지 있다. Young과 Heichberger(1975)의 연구는 대상 교사의 70%가 장학사를 "위험성이 있는 존재(potentially dangerous)"로 지각한다고 지적하였다. 그리고 Cawelti와 Reavis(1980)의 연구에서도 대상 교사의 1/3 정도만이 장학 서비스를 "높은(high)" 정도로 평가하였다.

둘째, 모든 교사에게 임상장학을 적용한다는 것은 가능하지도 않고 또 그럴 필요도 없다는 것이다. 무엇보다도 임상장학은 너무 시간을 많이 필요로 하기 때문에 모든 교사에게 적용하기는 어렵다. 이러한 곤란성을 이해하기 위해 우선 대교육구에서 근무하는 장학사의 입장을 고려해 봐야 한다. 주당 40시간의 근무(역주: 1일 8시간, 5일 근무) 중 장학사는 수업관찰과 직원 연수교육에 주당 약 3시간을 보내게 될 것이다. 물론 이것은 최근의 몇몇 조사연구를 신뢰할 수 있다고 할 때의 추산이다(장학사의 시간배분에 관한 Sullivan의 1982년도 연구자료를 참고). 그러므로 한 학년도를 36주로 보았을 때(역주: 이것은 미국의 경우임) 장학사는 수업장학에 대개 100시간을 사용한다고 할 수 있을 것이다. 그런데 이 100시간은 Goldhammer(1969)와 Cogan(1973)과 같은 장학전문가가 제시한 대로 장학사가 따른다면 겨우 10명의 교사에게만 집중적인 임상장학을 제공할 수 있는 시간에 해당된다. 그러나 미국에서도 교사 10명당 1명의 장학사를 배치할 수 있는 교육(구)청은 없다.

설사 모든 교사에게 임상장학을 실시할 수 있다 하더라도 꼭 그럴 필요는 없다. 원래 임상장학은 교생(student teacher)을 돕기 위하여 개발된 것이며, 또 Blumberg(1980)나 다른 장학전문가들에 의하면 초임교사들은 이 집중적인 임상장학으로부터 가장 많은 도움을 받는다는 것이다. 그러나 임상장학이 능력 있고 경험 많은 교사들의 성과도 향상시킨다는 결정적인 증거는 별로 없다. Ritz와 Cashell(1980)의 연구에서 지적한 것처럼 사실상 여러 교사들 중에서 능력 있고 경험 있는 교사들은 장학사의 기능을 가장 낮게 평가하고 있다(임상장학에 관한 연구를 보다 철저히 고찰하기 위해서는 제2장을 보라).

  셋째, 이 선택장학을 옹호하는 또 하나의 주장은 교사들이 각기 다른 성장욕구와 각각 다른 학습 방식을 가지고 있다는 점이다. 무엇보다도 먼저 교사들이 좋아하는 상호작용 형태가 서로 다르다. Copeland(1980)의 연구에 의하면 어느 교사들은 지시적 장학형태(directive supervisory style)를 좋아하는 반면에 다른 교사들은 비지시적(non-directive) 상호작용을 더 좋아한다는 것이다(이런 결론을 ⌐은 몇 개의 연구 중의 하나임). 교사들은 또 그들이 좋아하는 장학적 관계성에 있어서 다르다. Young과 Heichberger는 그들이 조사·연구한 대상 교사들 중 62%가 "도와주는(helping)" 관계성을 좋아하는 반면에 36%는 "동료의식(colleagueship)"의 관계성을 원한다고 하였다. 또한 교사들이 근무하는 환경의 종류도 다르고 그들이 그 환경에서 배우는 능력도 각기 다르다. Joyce와 McKibbin(1982)은 수천 명의 교사를 대상으로 연구한 다음 "교사들이 자기 환경으로부터 성장에 도움을 받고 생산적인 경험을 끌어내며, 개인적 전문적 활동을 개발하는 정도의 차가 심하다"(p.36)는 결론을 얻었다. 그리고 재미있는 것은 교사에게 교수(teaching)를 개별화하라고 촉구하는 행정가와 장학사들 자신이 스스로의 장학은 별로 개별화하려 하지 않는다는 점이다.

  어떻게 장학을 개별화할 수 있는가? 이에 대해 가치 있는 하나의 제안은 Glickman(1981)이 개발한 장학방법이다. 그는 교사를 네 가지 형태(역주:교사의 추상수준과 참여수준의 고(高), 저(低)에 따라 (1) 분석적 관찰자, (2) 탈락교사, (3) 전문가, (4) 무초점 교사) 중의 하나로 분류할 수 있다고 주장하면서 장학사는 각 형태에 따라 달리 반응해야 한다는 것을 권고하고 있다. "교사발전의 현 수준을 평가하고, 교사로 하여금 현재의 자기 수준을 넘어서 다음 단계로 발전해 갈 수 있도록 도와줌으로써 장학사는 이상(각 교사로 하여금 전문가(professional)가 될 수 있도록)을 향해서 일할 수 있다"(p.51)는 것이다. 이것은 교사의 현재 성장상태에 맞도록 교사에게 네 개의 임상장학을 실시할 것을 제안한 것이라고 할 수 있다(역주: Glickman의 "발전장학"에 대해서는 주삼환, 교육행정연구(성원사, 1985), pp.506-510 참조).

Glickman의 제안은 논리적 근거에 바탕을 두고 있는 것 같으나 두 가지 측면에서 허점을 가지고 있다. 첫째, 저자는 Glickman이 분류한 대로 교사를 네 개의 범주로 분류한다는 데에 동의할 수 없다. 성인의 학습 방식에 관한 연구에 의하면 복잡한 개인을 분류할 수 있을 만큼 성인의 성장은 충분히 알려져 있지 않다. 둘째, 장학사가 교사 개인들을 평가하고 각 교사들마다 독특하게 반응해 줄 만한 충분한 시간을 갖고 거기에 대해 정력을 쏟을 수 있다고 기대하는 것은 비현실적이다.

선택장학에 대한 개관

이 책에서 주장하는 선택적 장학체제는 지금까지의 장학체제와는 전혀 다른 접근형태를 취하고 있다. 즉 교사들을 일정한 범주에 따라 분류하고 이 분류에 의하여 반응하는 대신에 선택적 대안들 중에서 교사가 원하는 것을 스스로 선택 결정할 수 있도록 하며, 또 장학사에게서 많은 시간을 요구하는 대신에 장학사로 하여금 가장 필요로 하는 곳에 그들의 노력을 집중할 수 있도록 해주는 것이다. 그리고 Glickman의 발전장학에서와 같이 교사에게 네 가지 형태의 임상장학을 모두 제공해 주는 대신에 이 선택적 장학에서는 (1) 임상장학, (2) 협동적 동료장학, (3) 자기장학, (4) 전통적 장학의 네 가지 장학형태 중에서 선택할 수 있는 기회를 교사들에게 준다.

이 각각의 선택대안들에 대하여는 다음 4장에서 보다 자세히 설명하게 되지만 여기서 간단히 개관해 보는 것이 독자들의 이해에 도움이 될 것이다.

1. **임상장학**은 (1) 수업계획에 관하여 교사와 계획협의회를 갖고, (2) 수업을 관찰하며, (3) 관찰자료를 분석하고, (4) 교사에게 관찰 결과에 관한 피드백을 제공함으로써 수업개선을 도모하고자 설계된 집중적 과정이다. 이 임상장학의 주기는 장학사와 교사가 전문적 성장을 위하여 개발한 체계적 계획의 일부로서 전 학년도를 통하여 여러 번 반복해야 한다. 이것은 임상장학의 특별한 기술과 방법에 대하여 훈련을 받은 행정가나 장학사에 의해 실시되어야 한다. 임상장학을 가장 필요로 하는 사람들은 아직 기본 교수기술을 습득해야 하는 초임교사들과 교실수업에 심각한 어려움을 겪고 있는 경험교사들이다.

2. **협동적 동료장학**은 소집단의 교사들이 자신들의 전문적 성장을 위하여 함께 협동하여 일하는 협동적 과정(collegial process)이다. 교사들은 동료들의 수업을 관찰하고, 그 관찰에 관하여 서로 피드백을 제공해 주며 공통적인 전문적 관심사에 대하여 토의한다. 또 원한다면 그 외의 수업활동에 관하여도 서로 협동할 수 있다. 협동적 동료장학은 교사들이 장학기술 습득을 위하여 훈련을 받지도 않고, 장시간 집중적 협의회도 갖지 않기 때문에 임상장학보다는 덜 집중적이고 덜 체계적이다. 이 협동적 동료장학은 협동성에 높은 가치를 두고 있는 경험 있고 능력 있는 교사에게 가장 유용하고 알맞을 것이다.

3. 자기장학은 교사 개인이 자신의 전문적 성장에 관심을 갖고 독립적으로 일할 수 있도록 하는 것이다. 행정가나 장학사는 하나의 자원인사로서 도움을 주며 교사는 전문적 성장을 위하여 개별계획을 세우고 실천한다. 이 자기장학은 일하기를 좋아하는 경험 있고 능력 있는 교사에게 가장 알맞고 유용하다.

4. **전통적 장학**은 교사로 하여금 전문적 방법으로 맡은 일과 책임을 수행할 수 있도록 불시에 잠시 방문하여 교사의 일을 감시하는 과정이다. 장학에 관한 많은 교과서에서는 불시 방문에 의한 감시(monitoring)를 비난하지만 이러한 감시가 교장의 수업지도성 역할의 주요 측면이라는 것을 수긍하게 해 주는 많은 증거들이 있다(예를 들면 Leithwood와 Montgomery의 1982년도 고찰을 보라). 만일 민감하면서도 신뢰를 받는 지도자가 실시하기만 한다면 이러한 감시에 의해서도 교사들은 많은 것을 얻을 수 있다. 그리고 앞서 말한 다른 세 가지 대안들과는 달리 이 전통적 장학은 평가적 요소를 포함할 수 있다는 점에 주목해야 한다.

7장에서 보다 자세히 설명된 것처럼 교육구나 학교에서 이러한 대안들을 서로 융합하여 적용하기도 하고, 교사에게 보다 적용 가능한 형태로 바꿀 수 있는 여러 가지 방법들이 있다. 그러나 저자가 저자의 박사학위과정 학생들과 함께 실시한 연구에 의하면, 교사가 알맞은 선택을 하지 못했다고 판단될 때 교장이 거부할 수 있는 권한을 교장에게 주고 교사로 하여금 네 가지 대안 중에서 하나를 선택할 수 있는 기회를 갖게 한다면 이 선택장학 체제가 최선의 방법이라는 것이 밝혀졌다(예를 들면 Shields의 1982년도 연구를 보라). 그리고 대안들은 일반적으로 앞서 언급한 교사진의 다양성의 정도를 반영하여 만들어졌기 때문에 50명의 교사구성의 경우 임상장학 5명, 협동적 동료장학 10명, 자기장학 5명, 전통적 장학 30명씩으로 배분할 수 있다.

저자의 연구에 의하면 선택장학 체제에는 몇 가지 **이점**이 있다는 것이 밝혀졌다. 즉 교사들에게 장학형태에 대한 선택의 기회를 제공함으로써 교사 개인의 욕구를 반영할 수 있고, 행정가와 장학사로 하여금 임상장학을 가장 필요로 하는 교사에게 임상적 노력을 집중할 수 있도록 해주며(한 교장이 5명의 교사에게 임상장학을 효과적으로 제공할 수 있지만 50명의 교사에게 모두 임상장학을 실시하기란 극히 어려운 일이다), 이 선택장학의 실시가 학교풍토에 대한 교사들의 지각에 긍정적으로 영향을 준다는 사실을 지적할 수 있다. 교사들은 자기들에게 선택의 기회가 주어졌다는 사실을 높이 평가하고 있으며, 선택적 접근으로 인해서 전문적 대화가 고무되고 있다는 점을 좋아하고 있다.

물론 선택장학 체제 그 자체에 전혀 문제가 없는 것은 아니다. 협동적 동료장학과 자기장학이라는 두 가지 대안은 교사들 스스로가 전문적 성장을 위하여 많은 시간과 노력을 투입할 것을 요구하고 있다. 그리고 교사들이 이미 너무 바쁘고 과로한다고 느낄 때는 비록 아무리 성실한 교사라 하더라도 장학을 위해서 더 많은 시간을 바쳐야겠다는 마음이 내킬 것인가 의심이 간다. 최대의 효과를 거두기 위해서 이 선택장학 체제는 유능하고 참여적인 행정가와 장학사의 활동적이고 적극적인 지도성을 요구하고 있다. 이러한 지도자는 현재의 필수적인 일에 대처하기 위하여 이미 너무나 바쁜 시간을 보내고 있으며, 또 시간을 많이 필요로 하는 이러한 혁신적인 새로운 일을 실천하려는 데는 주저할 것이라는 것은 이해할 만하다. 그리고 이 선택장학이 교수-학습 향상이라는 결과를 가져올 것이라는 확실한 증거도 아직 없다. 장학의 전체적 체제와 몇 개의 전반적인 구성요소에 관한 연구가 있긴 하지만 이것은 설명적인 것에 불과하다. 그리고 이러한 장학방법을 장려하고는 있지만 아직 결정적인 것은 아니다.

그러나 이 선택장학은 교사에게 선택의 기회를 주고 장학사로 하여금 가장 필요한 곳에 집중적으로 정력을 쏟을 수 있게 하기 때문에 실현가능성이 높은 방법이다. 따라서 이 선택장학의 여러 구성요소(선택대안)에 대하여 보다 완전히 탐색해 보고 또 어떻게 실천하는 것이 가장 바람직한지 살펴볼 이유는 충분히 있다고 본다.

2

임상장학

1장에서 제시한 것처럼 교사에게 제공해야 할 대안 중의 하나는 임상장학이다. 임상장학을 필요로 하는 교사들에게 이를 보다 효과적으로 제공할 수 있도록 하기 위하여 본 장에서는 다음 몇 가지 관련된 목적을 달성하고자 한다. 즉 (1) 임상장학의 정의를 상세히 설명하고, (2) 임상장학의 효과에 관한 연구를 고찰하며, (3) 임상장학에 대한 최근의 접근을 기술하고, (4) "학습중심 장학(learning-centered supervision)"에 대하여 좀더 자세히 설명하며, (5) 임상장학을 적용하는 문제에 대하여 논의하고자 한다.

임상장학의 성격

임상장학은 1장에서 이미 정의한 것처럼 (1) 수업계획에 관하여 교사와

계획협의회를 갖고, (2) 수업을 관찰하며, (3) 관찰자료를 분석하고, (4)
교사에게 관찰결과에 관한 피드백을 제공함으로써 수업개선을 도모하고자
설계된 집중적인 과정이다. 물론 이러한 정의는 임상장학의 보다 복잡한 과
정을 어느 정도 단순화시켜 제시한 것이다. Cogan(1973)이 설명하고 있
는 임상장학은 다음과 같은 8단계를 포함하고 있다.

1. 장학의 관계성 형성: 신뢰와 지원의 관계성을 형성하고, 교사로 하여금
공동장학자의 역할을 갖도록 안내한다.
2. 교사와 함께 수업계획, 단원계획: 수업목적, 개념, 교수-학습기술, 교
수자료, 평가방법 등을 결정한다.
3. 관찰전략의 계획: 교사와 장학사는 수집할 자료와 자료수집 방법에 대하
여 협의한다.
4. 수업의 관찰
5. 행동형태와 교수-학습의 주요 사건을 결정하기 위하여 관찰자료를 분석
한다.
6. 협의회 전략계획: 협의회 목적과 과정을 잠정적으로 설정한다.
7. 자료분석을 위한 협의회
8. 재계획: 다음 단원이나 수업계획과 성장을 위한 앞으로의 방향을 결정함
으로써 임상장학의 주기를 끝낸다.

물론 다른 연구자들은 대개 장학단계의 수를 줄이고 각 단계의 이름을
달리하여 임상장학의 주기를 자기 나름대로 발전시켰다. 그러나 일반적으로
주요단계가 (1) 계획, (2) 관찰, (3) 분석, (4) 피드백의 제공이라는 점
에서는 대개가 의견을 같이하고 있다.

임상장학에 관한 연구

임상장학이 과연 효과적인지에 대하여 밝혀진 것은 무엇인가? 임상장학에 관한 연구를 고찰한 후에 Sullivan(1980)은 오히려 부정적인 결론을 내리고 있다. 즉 "……임상장학에 관한 연구의 양과 질로 보아 임상장학의 모형에 관한 일반화를 지지하기에는 충분치 못했다."(pp.22-23)는 것이다. 그리고 Acheson과 Gall(1980)의 최근 연구에서는 임상장학을 받은 교사가 임상장학을 받지 않은 교사보다 학생의 학업성취를 더 높인다는 어떤 증거도 찾을 수 없다는 것이 주목되었다. 현시점에서 임상장학의 효과성에 대하여 "결론"과 "신뢰로운 일반화"를 말한다는 것이 현명하지는 못하지만 연구는 장학사의 지침으로 사용될 수 있는 잠정적 결과를 제시해 주고 있다.

1. 교사들은 친밀하고 지지적인 장학사에 대하여 호감을 갖는 경향이 있다(Gordon, 1976).

2. 대부분의 교사와 행정가들은 임상장학의 기본 가정에 대하여 동의한다(Eaker, 1972).

3. 교사들은 전통적 장학보다 임상장학을 더 좋아하며, 임상장학의 방법과 기술은 가치가 있다고 믿는다(Reavis, 1977; Shinn, 1976).

4. 임상장학은 교사의 행위를 바람직한 방향으로 변화시킬 수 있다(Garman, 1971; Kerr, 1976; Krajewski, 1976; Shuma, 1973).

5. 임상적 접근을 사용하는 장학사는 전통적 접근을 사용하는 장학사들보다 수업관찰 후 협의회 때에 보다 더 개방적이고 더 수용적이다(Reavis, 1977).

6. 교사들이 좋아하는 장학의 상호작용 형태는 교사마다 각각 다르다. 초임교사는 지시적 형태를 보다 좋아하는 반면 경험 있는 교사는 비지시적 장학을 좋아한다는 증거가 있다(Copeland, 1980).

이러한 잠정적 결과를 토대로 볼 때 표준적 임상장학의 구성요소가 수업개선을 위한 유일한 체제라고 믿을 수 있는 충분한 근거를 제공해 주지는 못하는 것 같다. 결과적으로 장학지도자들은 임상장학의 표준적 접근보다 더 개선된 방법이나 대안을 개발하는 데 많은 흥미와 관심을 갖고 있는 것 같다.

임상장학에 대한 현재의 접근

과학적 장학(scientific supervision), 책임장학(accountable supervision), 예술적 장학(artistic, supervision) 등의 중요한 세 가지 대안을 좀더 진지하게 살펴볼 필요가 있다.

1) 과학적 장학

과학적 장학 주창자들의 주장은 과학적 연구에 의해서 분명히 지지되었는데(과학적 장학의 역사와 주장에 대한 아주 좋은 고찰은 McNeil, 1982를 보라), 이 과학적 장학은 교사의 행위에 초점을 둔 임상장학이다. 가장 널리 알려진 과학적 접근은 Madeline Hunter의 접근일 것이다. Hunter는 교수와 학습에 관한 연구를 고찰한 후 9개의 구체적 구성요소로 된 교수모형을 만들었다(Russel and Hunter, 1980).

1. 진단(diagnosis): 일반목표를 확인하고, 그 목표와 관련된 학생들의 현재의 성취도를 평가한다.
2. 구체적 목표(specific objectives): 진단에 근거하여 당일 수업의 구체적 목표를 설정한다.
3. 예상(anticipatory set): 주의를 집중하고, 선행 학습상태를 검토하

며, 학습에 대한 준비성을 개발한다.

4. 목표인지(perceived purpose): 학생을 위한 학습목표를 명료화하고, 그 목표의 중요성을 설명하며, 그 목표와 선행 학습을 관련지어 준다.

5. 학습기회(learning opportunities): 학습자가 학습목표를 달성하는 데 도움이 되는 학습기회를 선택한다.

6. 모형제시(modeling): 학습되어야 할 목표의 언어적 예와 시각적 예의 양 측면을 제공해 준다.

7. 이해도 확인(check for understanding): 학생들의 목표성취 정도를 평가한다.

8. 교사의 지도활동(guided practice): 학생들이 성공적으로 수행하는지를 확인하면서 학생들의 학습을 지도한다.

9. 학생의 개인적 활동(independent practice): 학생들 스스로 새로운 기술을 연습할 수 있는 기회를 학생들에게 제공해 준다.

Hunter 모형 및 이와 유사한 모형들은 다음과 같은 분명한 이유 때문에 전문가들에게 널리 받아들여지고 있는 것 같다. 첫째, 이러한 모형은 교사중심(teacher-centered)이기 때문에 호응을 얻는 것 같다. 이 모형들은 세부적인 면에 있어서는 각각 다르지만 핵심은 근본적으로 지시적 수업(direct instruction)과 비슷하다. 즉 대부분의 교사들에게 일반적으로 호응을 얻고 있는 교사중심의 교수방법의 종류들이다. 둘째, 이 모형들은 연구에 기반(research-based)을 둔 것이기 때문에 또한 교사들의 호응을 얻고 있다. 그 지지자들의 주장에 의하면, 과학적 모형들은 교육의 효과성에 관한 연구들에 의하여 지지를 받고 있다. 이들 연구에 의하면 교사들이 신봉하는(좋아하는) 교수방법을 사용할 때 학생들의 성취도(표준화 성취도검사에 의하여 측정해 볼 때)는 향상된다는 것이다(Medley의 1979년도 연구고찰을 보라). 셋째, 과학적 모형은 그 단순성(simplicity) 때문에 호응을 받고 있다. 이 주창자들은 한마디로 "성공적인 교수에는 단지 9단계 처방이 있다"고 말한다.

물론 과학적 모형이라고 전혀 비판점이 없는 것은 아니다. Fenstermacher (1978)는 과학적 모형을 지지하는 지시적 수업연구가 교사들에게 충분한 주의와 관심을 얻지 못하고 있다고 지적하였다. Peterson(1979)도 지시적 수업을 지지하는 연구가 설득력을 갖고 있지 못하다는 점에 주목하였다. Hunter는 지시적 수업을 지지하는 것으로 생각되는 많은 연구를 고찰한 다음은 단지 일부의 효과만이 지시적 수업에서 나온 것이라고 지적하였다. Hunter는 지시적 수업방법과 비교하여 볼 때 오히려 "열린교육(open classroom) 방법이 더 높은 창의성을 길러 주고, 학습에 대하여 보다 더 긍정적인 태도를 길러 준다는 것을 연구는 보여주는 경향이 있다는 데 더 주목하였다. Calfee(1981)는 과학적 모형의 편협성에 대하여 다음과 같이 비판하기까지 하였다.

> 지시적 수업모형이 나오게 된 연구는 경험적이고, 행동적이며, 상관관계적이고, 처방적인 경향을 갖고 있다. 대개의 연구에 이론적 기초가 부족하고, 사고력보다는 행동에 초점을 두고 있으며, 정밀하게 통제하지 못하고 거칠게 통제된 매개변인을 가지고 있다. 그러나 교실수업을 어떻게 행하느냐에 대하여 교사에게 충고하는 효과는 있다……(p.53).

그러나 Hunter 모형 및 이와 유사한 모형들의 최대 약점은 이 모형이 마치 유일한 것처럼 하나의 교수모형만을 제공한다는 점이다. Hunter의 9단계 처방을 과학과의 연구수업이나 산업 미술과의 창조과제 수업에 적용하려 할 때 얼마나 곤란한가 관찰해 보라. Joyce와 Weil(1980)처럼 교수를 다양하고 다채로운 것으로 보는 것이 보다 타당할 것이다. Joyce와 Weil의 저서에 대하여 잘 아는 사람은 이들이 23개의 교수모형에 대하여 기술하고 있으며 단지 하나의 모형만을 기술하고 있지 않다는 것을 기억할 것이다.

2) 책임장학

책임장학은 교사가 무엇을 하느냐에 관심을 갖는 것이 아니라 학생이 무엇을 배우느냐에 관심을 갖는다. McNeil(1971)이 말하고 있는 것처럼 "책임적(accountable)" 접근을 사용하는 장학사는 주어진 학습에서 어떤 학습목표를 강조할 것인가를 교사가 스스로 결정하도록 도와줌으로써 장학을 시작한다. 또한 장학사와 교사는 학습을 어떻게 평가할 것인가에 대하여 계획협의회에서 합의 결정한다. 그런 다음 장학사가 교실을 방문할 때 장학사는 주로 학생이 의도한 목적을 달성하였는지 알아보기 위해 관찰을 한다. 교수방법의 문제(issues)는 단지 학생의 성취도와 관련시켜 고려한다. 만일 특정 방법이 학생집단으로 하여금 담당 교사와 함께 학습하도록 도와주는 것처럼 보인다면 싫증이나 교과목에 대한 부정적 태도와 같은 바람직하지 못한 부작용이 없는 한 그 교수방법은 칭찬받을 만한 것으로 생각이 된다.

이 접근법이 유용하다는 것을 지지하는 몇몇 연구가 있다. Young과 Heichberger(1975)가 조사한 교사는 70%의 장학사와 교사가 수업목표에 합의하고 그 목표의 달성 정도를 평가하기 위해 함께 일하는 것을 인정하였다는 것이다. 그리고 Smithman과 Lucio(1974)에 의한 연구는 수업목표에 의하여 평가받은 교사의 학생들이 평정표(rating scale)에 의하여 평가받은 교사의 학생들보다 훨씬 우수한 성취를 이룬다는 결론을 얻었다. 이 모형을 환영하지 않는 교사들은 책임(accountable)이라는 용어가 흔히 나타내는 제한점을 중시하고 있다. 즉 측정 가능한 목표는 대개 교수결과로서는 그렇게 중요한 것이 못 된다는 것이다. 오히려 측정에 강조하다 보면 교사로 하여금 단지 편협하고 성취하기 쉬운 목표만을 설정하게 만들기 쉽다. 그리고 교실에서 교사들이 흔히 사용하는 평가측정도 정의적 목표와 고차적인 인지적 목표를 타당성 있게 측정하지 못한다.

3) 예술적 장학

이 예술적 장학은 주로 Elliot Eisner(1982)가 개발한 장학적 접근이
다. Eisner는 예술적 장학을 다음과 같이 정의하고 있다.

> ……교실에서 일어나는 중요한 미묘한 장면들을 감상하는 하나의 방법으로
> 써 장학사의 지식과, 예민성, 지각에 의존하는 장학의 한 접근, 또는 학교에
> 서 진행되고 관찰할 것을 결정하는 교사나 다른 사람에게 전달하고자 하는 표
> 현적이고, 시적이며, 흔히 은유적(metaphorical) 언어의 가능성을 이용하
> 는 장학의 한 접근(p.59).

Eisner는 장학사를 교수수행의 전반적인 질적 성격과 특징적 성격 양면
을 감상하려고 하는 일종의 교수감식가(connoisseur of teaching)로
보고 있다. 그리고 장학사는 수업에서 지각한 것을 교육비평(educational
criticism)이란 언어로 보고한다. Eisner는 이것을 영화비평, 음악비평
에 비유하고 있다. 즉 창조되고 연출된 것을 다른 사람들이 감상할 수 있
도록 도와주는 언어에 비유한 것이다.

이 장학의 효과성에 대한 보고서는 없으나 Eisner 자신의 책(역주: 예
를 들면 The Educational Imagination, 1979(제1판)와 1984(제2
판)를 보라)에 보고된 예술적 장학에 대한 설명은 이 접근이 유용하다는
증거를 제공해 주는 것 같다. 예술적 장학으로 훈련받은 사람들은 임상장학
사의 표준적, "객관적" 보고를 보완해 주는 교수에 대한 설명을 해줄 수 있
다. Eisner의 제자들이 쓴 이러한 설명은 객관적 시도라기보다는 인상적
이다. 또 교사의 행동에만 초점을 두기보다는 교실의 전체 분위기를 포착하
려고 애쓴다. 이들의 언어는 전적으로 문자에 의존하기보다는 은유적이고
감각적 이미지로 충만되어 있다. 그리고 가장 중요한 것은 Eisner를 따르
는 예술적 장학지지자들은 그 수업세계에 참여한 사람들의 행위를 평가하거

나 변화시키기보다는 교실세계의 의미를 해석하려고 한다는 점일 것이다.

예술적 장학은 여러 다른 형태의 장학을 대체하는 것으로 생각되기보다는 과학적 장학과 책임장학의 접근을 보완해 주는 것이라고 할 수 있다. 이 예술적 장학의 주요 가치는 Sergiovanni(1982)가 지적한 것처럼 지식에 이르는 이론적-규범적(theoretical-normative) 통로를 제공하는 데 있다. 이 장학은 교사의 신념체제를 검토함으로써 학급의 의미를 해석한다.

학습중심장학

앞의 세 가지 장학적 접근은 각각 나름대로의 장점과 단점을 갖고 있다. 그래서 필자는 장학사를 훈련하고 또 장학에 관한 박사과정 연구를 지도하는 과정에서 하나의 새로운 접근을 개발했는데 필자는 이것을 학습중심 장학이라고 한다. 이것은 앞서 말한 세 가지 방법의 장점에 바탕을 두고 그 자체에 어떤 특별한 강조점을 추가하여 형성하려고 시도하였다. 이 학습중심 장학은 주로 교사로 하여금 자기 자신의 교수 자체와 그 방법의 효과에 대하여 배울 수 있도록 도와주는 데 주로 관심을 기울인다. 이렇게 함으로써 교사들은 자기 자신의 학급에서 활동적 문제 해결자가 될 수 있는 것이다. 또 이 장학방법은 학생의 학습활동을 교실관찰의 초점이라고 단정하며 교사를 피드백의 원천으로 활용하여 장학사의 학습을 촉진시키려고 한다. 이 장학방법은 (1) 개시협의회(opening conference), (2) 관찰전 협의회(preobservation conference), (3) 무초점 관찰(unfocused observation), (4) 초점 관찰 (focused observation), (5) 관찰 분석(observational analysis), (6) 피드백 협의회(feedback conference), (7) 형성평가 협의회(formative assessment conference) 등 7단계의 주요요소를 포함한다.

1) 개시협의회

이 개시협의회는 단순한 친숙한 관계 회의 이상의 중요성을 갖고 있다. 이것은 다음 세 가지 중요한 목적을 달성하는 기회이다. (1) 주의를 요하는 당면한 문제점을 확인하고, (2) 전문적 문제에 대한 견해를 서로 교환하며, (3) 장학에 관한 약속을 결정한다. <표 1>에서 보는 것처럼 교사가 편안하게 느낄 수 있도록 도와주고, 협의회의 목적을 설정함으로써 협의회를 시작한다. 그 다음에 장학사는 이용하기 어려운 교과서, 잘 공급되지 않는 교재공급, 불분명한 일정과 같은 교사가 도움을 필요로 하는 어떤 구체적 문제로 주의를 돌린다. 이러한 문제들은 교사들의 마음에 제일 먼저 떠오르는 것이기 때문에 장학을 시작하는 데 좋은 계기가 될 것이다. 물론 오늘의 문제를 다루지 않고 장기적 문제(long-term problems)에 대하여 분명히 생각하기란 그리 쉽지 않다. 그러나 이러한 실제적 문제를 가지고 협의회를 시작하면 장학사는 자신의 기능이 도와주는 것이지 평가하는 것이 아니라는 인상을 전해 줄 수도 있다.

<표 1> 개시협의회의 의제

---

1. 편안한 분위기를 만들고 협의회 목적을 설명한다.
2. 특별한 주의를 요구하는 당면한 문제가 있는지 찾아본다.
3. 다음과 같은 항목에 대하여 교사의 견해를 알아보고 장학사의 견해를 이야기한다.
   ① 학습자의 성격
   ② 학교의 목적
   ③ 학교 교육과정과 가르치는 과목
   ④ 교수에 대한 접근과 일반적 교수
   ⑤ 학습계획에 대한 선호
   ⑥ 교실환경과 학급관리
   ⑦ 장학의 관계성: 장학사와 교사의 상호학습으로서의 장학

4. 다음 장학적 약속에 대하여 협의한다.
   ① 누가 관찰할 것인가?
   ② 얼마나 자주 관찰할 것인가?
   ③ 수업관찰을 미리 발표할 것인가 발표하지 않을 것인가, 아니면 양자인가?
   ④ 장학방문을 통해서 수집한 관찰자료를 평가자에게 공개할 것인가?
   ⑤ 관찰전 협의회를 매번 꼭 열 것인가?
   ⑥ 어떤 형태의 피드백을 취할 것인가? 언제 피드백을 줄 것인가?
   ⑦ 교실방문에 대한 예의에 대하여 장학사는 무엇을 기대하는가? 학습계획서를 제공해야 하는가? 교과서를 볼 수 있도록 준비해야 하는가? 학생들 앞에서 교실방문에 대하여 감사표시를 해야 하는가? 교실방문을 초대해야 하는가?
   ⑧ 예고하지 않은 교실방문에 대하여 교사가 경의를 표해야 하는가?
   ⑨ 어떤 다른 장학자원이 교사에게 이용가능한가?
5. 긍정적인 문제에 관하여 치밀한 협의회를 한다.

이때의 협의회는 교사의 질문에 답하고, 장학사가 할 수 없는 일을 분명히 한 다음에 반드시 따라야 할 일의 항목에 대하여 주의를 기울이도록 하는 일들로 제한하는 것이 현명하다. 필자의 경험에 의하면 10분 정도로 충분하며 그 다음엔 견해를 나누는 다음 단계로 협의회를 진행한다.

필자는 이 다음 단계에서 장학사와 교사가 견해를 나누는 측면을 강조한다. 이것은 장학사가 교사의 신념에 대하여 이해하는 시간이다. 그러나 동시에 장학사 자신의 이론과 원리를 분명히 밝혀주는 시간이기도 하다. 이러한 견해의 교환이 어떻게 이루어지고 있는지 다음에서 간단히 살펴본다.

장학사: 선생님이 원하는 학급환경이 어떤 것인지 좀 듣고 싶은데요(개방적 질문을 한다).

교사: 중학교 학생들은 철저한 관리를 필요로 한다고 봅니다. 저는 학급기강을 위해서 근엄한 접근을 취하고 있다고 생각됩니다.

　장학사: 그러면 선생님은 선생님 자신이 매우 과업지향적이라고 보십니까(보다 더 충분한 설명을 이끌어 내기 위한 생각).

　교사: 예, 전 그렇게 생각해요. 전 학생들이 시간이 돼서야 공부하러 교실에 들어올 때 벌써 칠판에 쓰기 시작하고 있어요. 전 열심히 공부하도록 밀어붙이고 있어요. 계속 바쁘게 시키고 있어요. 수업을 시작하는 시간부터 끝나는 시간까지 계속 무엇인가 하도록 만들고 있어요. 그렇게 해야 아무런 말썽이 없어요.

　장학사: 일반적으로 연구결과는 선생님의 접근법을 지지하고 있어요. 적어도 학생의 성취에 관한 한은 그래요. 그러나 제 경험에 의하면 중학교 학생들은 좀 비공식적이고 때때로 과업에만 집중시키는 것보다 가끔 중단하기도 할 때 수업에 대하여 보다 좋은 태도를 갖는다는 시사를 받았어요(일반적인 논평의 경향은 긍정하고, 의견의 차가 있는 부분을 탐색하기 시작한다). 이 문제에 대해서는 어떻게 생각하세요(어떤 반응을 끌어내고 논의를 요청한다).

　장학사는 학급환경에 대한 교사의 접근에 대하여 귀를 기울이고 이해하는 데 시간이 걸린다는 점을 주의해야 한다. 장학사의 반성적 질문은 교사가 중학생 학습자와 함께 수업하는 데 극도로 과업지향적이라는 것을 분명히 할 수 있는 기회를 교사에게 주려는 것이다. 그러고 나서 장학사는 의견 차의 영역을 탐색하기 시작한다. 장학사는 단순히 자기의 비지시적 입장만을 고집하지는 않는다. 다만 장학사 자신의 가치를 그 시점에서 밝히고자 원했을 뿐이다. 그러나 강압적인 표현을 하지 않고도 장학사는 자기의 입장을 밝힌 것이고, 자신의 질문을 보다 더 논의하려고 유도한 것이다.

　이러한 개방적인 견해의 교환은 〈표 1〉에서 확인된 모든 문제를 대상으로 할 수도 있고 단지 몇 항목의 문제에만 초점을 맞추어서 할 수도 있다. 논의할 문제의 수와는 아무 관계없이 이 개시협의회 단계에서 해야 할 두 개의 중심목적은 (1) 상호개방적인 풍토를 조성하고, (2) 상호학습을 강조하는 것이다.

이러한 지향점이 형성된 다음 단계는 장학적 약속(계약)이다. 대부분의 장학사는 교육구의 방침을 설명하는 것이지 어떤 문제를 협상하는 것이 아니기 때문에 이 장학적 약속의 협의는 물론 보다 더 직선적인 색채를 띠게 된다. 〈표 1〉은 여기서 다룰 필요가 있는 구체적 항목을 열거해 주고 있다. 장학자와 교사의 쌍방이 이 문제들에 대하여 이해를 분명히 하는 것이 중요하기 때문에 이들 문제를 다룰 질의 응답표를 마련하는 것이 좋을 것이다. 예를 들면 이러한 질의 응답표는 다음과 같이 될 것이다.

될 수 있으면 이제 구체적인 장학의 관계성에 대하여 논의하고 싶은데요. 우리 대부분의 선생님들이 장학에 대하여 흔히 갖고 있는 많은 질문을 목록으로 만들고 그 질문에 대한 우리의 대답을 제시한 자료를 만들어 봤습니다. 선생님께서 이 복사물을 보시고 그중에서 보다 중요하다고 생각되는 항목 몇 가지에 대하여 지금 잠시 동안 이야기했으면 하는데요.

이 개시협의회는 장학사가 몇 가지 중요한 점을 요약해 주고 교사와 보다 생산적인 장학적 관계성을 기대한다는 것을 밝혀줌으로써 끝맺게 된다.

2) 관찰전 협의회

임상장학 전문가들은 수업관찰 전에 반드시 관찰전 협의회를 해야 한다는 데 의견을 같이하고 있다. 그러나 장학사들은 이러한 원칙에서 이탈하는 것이 적합하다고 생각하는 경우가 있을 것이다. 교사의 수업계획과 교수방법을 분명히 이해할 수 있어서 관찰전 협의회를 생략해도 좋다고 동의하는 경우도 있을 수 있다. 너무나 시간의 압박을 받아서 임상장학의 특별한 한 주기에서는 관찰전 협의회를 생략하기로 결정해도 좋다. 장학사들이 관찰계획을 세우지 않고 관찰할 수 있는 시간을 갖게 되는 경우도 있고, 또 관찰전 협의회를 하지 않고 예고 없이 교실방문을 하는 경우도 있다. 그렇지만 일반적으로 관찰전 협의회는 장학주기의 기본적인 부분이기 때문에 관찰 전에 갖는 것이 유용하다.

여기서 예고방문(announced visit)과 불시방문(unannounced visit)의 문제에 대하여 논의하고 넘어가는 것이 좋을 것이다. 대개의 경우 장학방문은 예고되고 계획적이어야 한다. 앞으로 있을 방문의 일자와 시간에 대하여 미리 예고를 하고 또 합의를 하면 장학사와 교사는 해당 수업에 대한 교사의 계획에 대하여 자세히 토의할 기회를 가질 수 있게 된다. 다음에 좀 더 자세히 살펴보게 되는 것처럼 수업계획에 관한 이 협의회는 장학의 과정 중에서 가장 효과적인 측면의 하나이다. 반면에 예고방문을 하면 어떤 교사들은 심히 걱정하게 되고 불안해하기도 한다. 그리고 방문을 예고하면 교사들이 틀에 박힌 연출을 하는 것을 보기 쉽게 된다. 또 교사들은 특별한 계획을 세우거나 특별하게 학생들을 지도하게 된다.

이러한 모순을 해결하는 한 방법은 정확한 날짜와 시간을 지정하지 않고 일반적인 방문계획만을 교사에게 알려주는 것이다.

> 이번 주 중에 6학년 수업을 방문해 보고자 합니다. 방문하기에 적절치 못한 특별한 요일이 있으면 저에게 말씀해 주십시오. 선생님 반의 6학년 아이들이 대개 무엇을 배우고 있는지 저에게 말씀해 주시면 방문계획을 준비하는 데 도움이 되겠습니다.

〈표 2〉에 제시된 의제들이 예고방문에 적당한 것이라고 생각된다. 장학사들은 교사들에게 학생들의 능력, 한 집단으로서의 일반적 학급특성 등에 대하여 말해 달라고 요청하고, 특별한 문제점을 가지고 있는 학생이 있으면 알려 달라고 하여 협의회를 시작한다. 그리고 장학사들은 학생들이 어떤 단원을 공부하고 있는지? 그 단원이 연간 수업목표와 어떻게 관련되는지? 등과 같은 학생들의 일반적인 학습진도에 대하여 말해 달라고 교사에게 요청한다.

<표 2> 관찰전 협의회 의제

1. 이 학급의 일반적 특성은 무엇인가? 관찰자가 하나의 집단으로서 학생들에 대하여 미리 알아야 할 것은 무엇인가?
2. 학습문제나 행동문제를 갖고 있는 학생이 있는가?
3. 학생들의 일반적 학습진도와 발전은 어떠한가? 당해연도의 교사의 목표와 관련해서 볼 때 어느 위치에 있는가?
4. 관찰하려고 하는 수업의 구체적 목표는 무엇인가?
5. 교사의 일반적인 학습속도에 관한 전략은 무엇인가? 각 주요 학습목표에 대하여 교사는 어느 정도의 시간을 사용하려고 계획하고 있는가?
6. 이들 학습목표를 달성하기 위하여 교사는 어떤 교수방법과 학습활동을 계획하고 있는가?
7. 교사는 학습을 평가하고, 피드백을 받기 위해 어떤 계획을 세우고 있는가?
8. 만일 계획된 활동을 할 수 없을 경우에 대비하여 교사는 어떠한 대안적 시나리오를 생각하고 있는가?
9. 이 수업관찰은 무초점 관찰인가 아니면 초점을 둔 관찰인가? 만일 초점을 둔 관찰이라면 관찰의 초점은 무엇인가?

이러한 일반적인 배경을 갖고 (1) 수업목표, (2) 학습속도, (3) 교수방법, (4) 평가전략이라는 수업계획의 중요한 네 가지 측면에 대하여 협의회를 진행해 나간다. 이 네 가지 각각에 대하여 세심한 분석과 협의가 필요하다. 이러한 과정에서 장학사의 접근은 비지시적일 것인가 아니면 보다 더 지시적일 것인가? 이에 대한 대답은 그리 간단하지는 않으므로 다음 요소들을 고려해야 한다.

- 교사들의 선호는 서로 다르다. 어떤 교사들은 보다 지시적인 장학사를 선호한다.
- 교사들은 각각 다른 욕구와 필요를 가지고 있다. 어떤 초임교사들은 비지시적 협의회에 유리하게 반응할 만큼 충분한 경험을 갖고 있지 않다.
- 장학사는 다른 전문가들과 상호 작용하는 데 자신들이 선호하는 방법을 활용한다.
- 연구에 의하면 하나의 방식이 다른 방식보다 우월하다는 것을 지지하는 결론은 없다.

이러한 문제를 통해서 알 수 있는 것처럼 지나치게 많은 충고를 하는 것은 위험하다는 것을 명심해야 한다. 만일 장학사가 교사에게 너무나 지시적이고 세세하게 말해 준다면 교사는 수업에서 장학사의 계획을 실천하게 되는 셈이다. 일이 나쁘게 될 경우 "장학사님의 아이디어는 그렇게 잘 수용되지 않아요."라는 교사의 반응이 예상된다.

이 학습중심 장학은 대부분 문제해결 방식(problem-solving style)을 요청한다. 장학사는 협의회에 적극 참여하고, 교사들의 계획문제를 해결하도록 도와주는 것이다. 장학사는 질문에 부딪치기도 하고, 교사들이 결과를 예측하도록 도와주기도 하며, 몇 개의 대안을 생각하도록 도와주고, 자료를 제공해 준다. 장학사는 단순히 교사의 말을 인정하고 반영해 주는 수동적, 비지시적 방식을 취하는 것은 피해야 한다. 그리고 충고를 하고, 판정을 내리는 지도적이고 지시적인 방식도 피해야 한다. 관찰전 협의회에서 하는 문제해결 방식의 한 예를 제시하면 다음과 같다.

장학사: 학생들이 어떤 사람들을 위해서 쓰고(글짓기하고) 있는지 그 대상에 대하여 생각할 수 있도록 선생님은 어떻게 도와주려고 계획하고 있습니까(방법에 대하여 질문을 제기한다)?

교사: 학생들에게 역할극(role playing)을 시킬까 하고 생각하는데요. 학생들은 어른들에게 하는 연설문(speech)을 쓰게 될 것입니다. 그래서 저는 학생들을 소집단으로 나누고 다른 집단원들은 어느 정도 적의에 찬 어른의 역할을 할 것으로 생각합니다.

장학사: 그거 재미있는 활동인 것같이 들리는데요. 학생들은 금년에 이 역할극의 경험을 가진 적이 있나요(방법이 가치 있다는 것을 인정하며, 학생들의 준비 도에 대하여 생각해 보도록 교사를 도와준다)?

교사: 없습니다. 이것이 금년에 처음인데요. 그런데 학생들은 작년 다른 선생님과 이런 역할극의 경험을 가진 것으로 알고 있어요.

장학사: 아마 그럴 겁니다. 그러나 학생들에게는 어떤 의미에서 매년 새

삼스러울 것입니다. 만일 학생들이 전에 있었던 일을 잊었거나, 역할극의 경험이 없었다면 어떤 문제가 있으리라 예상합니까(자료를 제공한다: 문제가 될 만한 것에 대하여 교사로 하여금 생각하도록 한다)?

교사: 그런데 학생들이 웃음거리로 만들지 않을까 걱정입니다. 아이들이 낄낄대고 우스개로 망쳐 버리지 않을지 말입니다.

장학사: 선생님이 잘 생각하신 것 같습니다. 그런 일이 일어나지 않도록 미리 막기 위해 같이 생각해 봅시다(문제해결의 단계설정).

이러한 형태의 협의회를 하면 교사는 계획문제를 해결하는 데 적극적으로 참여하고 책임감을 느끼게 하는 수업계획이 될 수 있을 것이다.

협의회 의제(〈표 2〉를 보라) 가운데 8번째 항목은 교사에게 대안적 각본을 생각해 보도록 요청하고 있다. 가장 좋은 계획이라도 잘못될 수 있다. 필름이 제 시간에 도착되지 않을 수도 있고, 장비와 기계가 잘 작동되지 않을 수도 있고, 학생들이 예상한 것처럼 적극적으로 반응하지 않을 수도 있으며 과제물을 하지 않고 수업에 들어올 수도 있다. 적어도 훌륭한 교사라면 항상 대안을 염두에 두어야 한다. 마찬가지로 훌륭한 장학사라면 이러한 "만약(what-if)"이라는 대안을 생각하도록 교사를 도와줘야 한다. 그리고 마지막 9번째 의제는 말할 것도 없이 협의회의 다음 단계의 성격과 관련된 것이다. 다음에 좀 더 자세히 설명하는 것처럼 학습중심 장학은 무초점 관찰(장학사는 적절하다고 생각하는 모든 행동을 관찰하고 주목하려고 시도한다)과 초점 관찰(focused observation; 장학사는 단지 한 형태의 행동만을 관찰하고 주목한다)을 필요에 따라 바꿔가면서 사용한다. 만일 다음에 있을 관찰이 초점 관찰이라면 교사와 장학사 쌍방은 그 관찰의 구체적 초점에 대하여 합의를 보아야 한다.

이 관찰전 협의회가 매우 중요한 이유 중의 하나는 미래에(in the future) 교사들이 무엇을 할 것인가에 대하여 서로 대화를 나눌 때, 보다 개방적이고 덜 위협을 느낀다는 점이다. 교사들이 직무수행에 열심인 것만큼 계획에도 열심인 것은 아니다. 한번 특별한 방법으로 가르치고 나면, 설사 그 행동이 바람직하지 못한 결과를 가져왔을지라도 자기의 행동을 옹호하고 방어하려고 할 것이다.

3) 무초점 관찰과 초점관찰의 관계

무초점 관찰과 초점 관찰의 관계는 학습중심장학에서 중요한 요소이기 때문에 우선 두 방법의 관계에 대하여 살펴보기로 한다. 전반적인 전략은 다음과 같이 진행된다.

1. 장학사는 모든 중요한 행동을 관찰하고 주목하기 위하여 먼저 무초점 관찰부터 출발한다. 이때 보이는 모든 장면을 전부 잡는 카메라와 같이 관찰하라.
2. 학습이 촉진되거나 방해되는 것 같은 상황을 알아내기 위하여 관찰자료를 분석한다. 피드백 협의회를 계획하기 위하여 주의를 기울일 필요가 있는 문제점과 교사가 보여준 장점을 일단 확인한다.
3. 문제해결을 위한 피드백 협의회를 개최한다. 여기서 교사가 중요한 문제를 발견하고 해결하는 계획을 세우도록 도와주기 위하여 장학사는 관찰자료를 사용하게 된다. 이 피드백 협의회가 끝난 후 교수와 학습의 어떤 구체적 측면을 다음 관찰의 초점으로 할 것인가를 교사와 함께 결정한다.
4. 여기서 확인된 문제점과 관련되는 자료들만을 수집하는 초점 관찰을 계획대로 개최한다.
5. 이 문제해결 협의회를 계획하기 위하여 초점 관찰로부터 나온 자료를 분석한다.
6. 이제 문제해결 협의회를 개최한다. 이 문제해결의 결과를 바탕으로 다음 관찰을 무초점으로 할 것인가 아니면 초점으로 할 것인가를 결정한다.

무초점 관찰에서 초점 관찰로 바꾸는 것은 너무 고착돼도 안 되고 즉흥적으로 하는 것도 안 된다. 어떤 형태의 관찰(그리고 초점을 둔다면 어떤 초점에 둘 것인가)이 교사의 계속적인 전문적 성장을 도와줄 수 있을 것인지 결정하려고 할 때 교사와 장학사 간의 협동적 문제해결이 도움이 된다. 그래서 장학사와 교사는 탐구의 동반자가 되는 것이다.

이들은 다음 세 개의 관련된 질문을 검토한다. 즉, (1) 이 수업은 어떤 내용으로 진행되었나? (2) 학습을 개선하기 위하여 어떤 변화를 시켜야 할 것인가? (3) 여기서 어떤 형태의 관찰이 가장 유용할 것인가?

이러한 일반전략과 근거를 바탕으로 하여 다음 두 가지 관찰 형태에 대하여 좀 더 자세히 살펴보기로 한다.

4) 무초점 관찰

각 장학사는 각자 독특한 무초점 관찰 방법을 사용한다. 다음은 효과적인 것으로 판단되는 방법을 간단히 고찰한 것이다.

장학사는 가능하다면 학교 시작시간에 도착하도록 계획해야 한다. 중·고등학교라면 첫 시간 시작 전에, 국민학교라면 조회시간 전에 도착해야 한다. 시작시간에 도착하면 학급회의라는 중요한 단계를 교사가 어떻게 다루는지에 관한 유용한 정보를 얻을 수 있다. 즉 교사가 학급을 어떻게 안정시키며, 필요한 행정업무를 어떻게 다루며, 학습의 첫 이야기를 어떻게 시작하는지 알 수 있게 된다. 그리고 나서 관찰을 시작하는 게 좋다.

무엇을 관찰할 것인가? 어떤 것을 주의하여 기록할 것인가? 수업 중에 일어나는 모든 것을 차례대로 기록하기 위하여 비교적 구조화된 양식을 사용하고자 한다면 〈표 3〉과 같은 양식이 적합하다는 것을 알게 될 것이다. 먼저 시간에 주의를 기울여야 한다. 교사가 학습목표에 대하여 표면적으로 말하는 것을 기록하든지, 아니면 교사의 행동으로부터 그가 의도했을 것이라고 생각되는 목표를 추측해서라도 장학사는 교사의 목표를 확인해야 한다. 다음에는 이 목표를 달성하기 위하여 교사가 취한 행동과, 이에 대한

학생들의 반응을 기록한다. 이 양식은 학습상호작용의 세 가지 필수요소,
즉 (1) 교사의 목표, (2) 교사의 행동, (3) 학생반응의 진행 등을 설명해
주고 있다.

<표 3> 교사중심의 관찰양식

교사명:	노신자	일시: 85. 10. 28.	오전 11:00
시간	교사목표	교사행동	학생반응
11:00	작문에 대한 흥미자극	미국 할로윈(Haloween) 날에 무엇을 하고자 하는가에 대하여 어린이들과 토의	아이디어를 생각해 낸다.
11:02	어린이들로 하여금 보다 질서 정연한 형태로 아이디어에 대하여 토의하도록 한다.	어린이들에게 손을 들고 차례를 기다릴 것을 상기시킨다.	아이디어를 생각해 낸다.
11:04	어린이들에게 실용적인 어휘를 제공해 준다.	칠판에 아이디어들을 필기한다.	아이디어들을 생각해 낸다.
11:08	어린이들로 하여금 글짓기를 하게 한다.	원고지를 나누어 준다.	질문을 한다.
11:10	어린이들로 하여금 완전한 문장을 쓰게 한다.	칠판에 "나는 ~이 되고자 한다"를 쓴다.	질문을 한다.
11:14	어린이들의 글짓기를 촉진한다.	학급을 순회하며 단어의 맞춤법을 고쳐 준다.	질문하거나 할 일을 분명히 한다.
11:19	어린이들의 글짓기를 촉진한다.	교실을 순회하며 단어의 맞춤법을 고쳐 준다.	22명 어린이 중 6명이 과업에 집중
11:22	어린이들의 글짓기를 촉진한다.	교실을 순회하며 단어의 맞춤법을 고쳐 준다.	22명 어린이 중 6명이 과업에 집중
11:25	어린이들의 글짓기를 촉진한다.	끝마친 사람은 조용히 하고 어떤 것인가 발견해야 한다고 설명한다.	4명의 어린이가 과업에 집중
11:28	학습의 결론을 맺는다.	어린이들 보고 글짓기 한 것을 제출하라고 한다.	어린이들은 글짓기 한 것을 전달하고, 크게 떠들며 자리를 떠난다.

과학적 장학을 주창하는 전문가들은 관찰양식의 근거로서 Madelin Hunter 의 처방(또는 거기서 나온 다양한 형태)을 사용하도록 제안하고 있다. 예를 들면 Minton(1982)은 장학사들이 다음 질문에 답할 수 있게 하는 양식을 사용할 것을 제안하였다.

- 교사는 학생들에게 타당한 높은 기준을 설정하였는가?
- 교사는 예상활동을 개발하고, 목표를 명백히 하고, 새 학습과 전시학습을 관련지었으며, 학습동기를 유발하였는가?
- 교사는 전시학습을 평가하였는가?
- 교사는 이해를 위한 투입과, 모형, 확인을 제공하였는가?
- 교사 지도하의 학습을 위한 연습의 기회를 제공하였는가?
- 교사는 학생들이 최종목표를 달성할 수 있도록 도와주었는가?
- 교사는 학생이 독립적으로 연습할 수 있는 기회를 제공하였는가?

물론 교수활동의 주요 측면에 초점을 둔 관찰방법은 유용한 것이다. 모형은 관찰자와 교사에게 명백한 지침을 제공해 주기 때문에 관찰의 초점에 대한 불확실성은 없다. 그리고 관찰보고서를 일반적인 논평이나 부적절한 논평으로 채울 가능성이 적기 때문에 관찰자들이 특히 중요한 교수기능으로 생각되는 데 초점을 맞출 수 있도록 도와준다. 이들은 교수에 대하여 토의할 수 있는 공동주제의 근거를 이미 설정해 준 것이다. 따라서 장학사와 교사는 공동용어(common vocabulary)를 사용할 수 있다.

그러나 이러한 관찰양식을 모든 교과영역에 있는 교사를 관찰하는 데 사용하기에는 두 개의 중요한 제한이 있다. 즉 이러한 관찰양식은 모두 하나의 교수형태, 즉 본질상 주로 언어적, 지시적 수업에 바탕을 두고 있다는 사실에서 나온 것이다. 첫째, 이들은 관찰자의 주의를 학생들로부터 그들 사이의 상호작용과 반응으로부터 눈을 돌려 지나치게 교사에게 초점을 두고 있다. 둘째, 이들은 교수-학습행위의 범위를 불필요하고도 현명하지 못하게 지시적 수업모형에 맞는 것으로만 제한하였다. 이 두 번째 제한점을 이해하기 위하여 다음과 같은 종류의 학습을 관찰하는 데 이런 형태가 어느 정도 적절한지 자문자답해 보기 바란다.

- 미술수업: 학생들은 자신의 창의적 과제를 위해 일하고 있다.
- 국어수업: 소집단의 학생들은 교사의 지시는 아주 조금 받고 글짓기의 사전활동으로 계획된 환상적 연극을 하고 있다.
- 사회수업: 학생들은 초기 여성참정권론자(suffragettes)의 영향에 관한 자신들의 결론에 도달하기 위하여 1차적 자료(primary sources)를 사용하고 있다.
- 한 가정수업: 학생들은 자기 자신들의 침실을 장식하기 위한 계획을 세우느라고 개별적으로 일하고 있다.

지시적 수업형태는 창의성, 발견, 비언어적 학습, 집단과정, 개별탐구를 강조하는 교수학습을 관찰하기에는 적합하지 않은 것 같다. 이러한 Hunter를 중심으로 한 지시적 수업은 교사중심, 전통적 교실에서는 잘 수용되겠지만 실험실, 개방교실, 학습센터에서는 아마 잘 수용되지 않을 것이다.

학습중심 장학은 처음부터 교사행위에 초점을 두는 대신 학생의 학습활동을 관찰하면서 시작하고 교수행위가 학습을 촉진하는 것같이 보이거나 방해하는 것같이 보이기 시작할 때 교사행위를 관찰하기 시작한다.

이 수업에서 학생들은 무엇을 하고 있는가? 학생들의 활동은 학습지향적인가? 교사는 이러한 학습조건을 가져오기 위하여 무엇을 하였는가? 이러한 관찰을 촉진하기 위하여 〈표 4〉의 양식을 개발하여 광범한 수업상황에서 현장검증을 거쳤다. 학교학습에 관한 이론과 연구를 고찰하여 개발된 이 양식은 학습준비(readiness), 전개(engagement), 종결(closure)의 세 기본 학습단계를 중심으로 구성되었다.

그리고 학생들이 학습하는 동안 관찰할 수 있는 16개의 구체적 행위를 확인하였다. 다음에 관찰자가 적절한 교사행위, 즉 학습을 촉진하는 것 같거나 방해하는 것 같은 교사행위를 기록할 수 있는 난을 만들어 놓고 있다.

<표 4> 학습자 중심 관찰양식

단계	바람직한 학습행위	촉진적인 교사행위	방해하는 교사행위
준비	1. 적절한 곤란수준에서 중요한 기술, 개념을 배운다.	흥미 있는 사를 가지고 학습내용의 모형으로 함	
	2. 학습능력을 믿고 높은 기준을 설정한다.	사전 글짓기 행동을 할 수 있고, 현재 노력의 결과를 내다보는 진술을 한다.	
	3. 학습을 적당한 것으로 지각한다.		
	4. 학습과제에 요구되는 사전 기술과 지식을 갖고 있다.		
	5. 학습목표를 이해한다.		
전개	6. 학습의 개관 및 그 관련성을 알게 된다.		
	7. 과업과 관련된 활동을 적극적으로 한다.		
	8. 다양하고 새로운 자료를 사용한다.	능력수준에 적합한 선택기회와 자료를 학생들에게 제공한다.	
	9. 계속적으로 과업에 집중한다.		
	10. 적절한 학습진도로 나간다.		
	11. 학습수행에 대한 피드백을 얻는다.	학생이 하고 있는 일에 관심을 나타내고 격려하며 평을 하기도 한다.	
	12. 관련된 상황에서 학습하고 적용한다.		
	13. 만족스러운 수준에서 완전 목표 달성의 노력을 한다.		

		학생의 작문을 돌려	과업에 집중하지 않는
	14. 기준에 미치지 못할 때 교정행동을 한다.	가며 읽고 서로의 인 식을 격려한다.	학생에게 주의를 기울 이지 못한다.
종결	15. 학습을 종합하고 통합하 여 종결에 접근한다.		
	16. 다음 학습과제를 예상하 고 준비한다.		
	기타 관찰내용:		

이것은 관찰자가 특별한 학습사건(場面; learning episode), 즉 주요 학습목표를 달성하기 위하여 계획된 관련 학습활동의 연속과정을 세밀하게 검토할 수 있도록 설계된 양식이라는 것을 주목해야 한다. 보통의 학습시간 이나 수업 중에 2~4개의 이러한 사건(場面)이 있을 것으로 생각된다. 수 업관찰자로서의 장학사는 하나의 양식만을 사용하여 단지 한 사건만을 관찰 하기로 결정할 수 있고, 각 사건마다 한 양식을 사용하여 모든 사건을 다 관찰하기로 결정할 수도 있다.

확실히 이 양식은 전통적인 학급수업에서 사용될 수 있다. 그러나 이 양 식의 초점은 교수가 아니라 학습에 있기 때문에 다른 종류의 학습환경에서 효과적으로 사용될 수 있다는 것이 이 양식의 주요 가치이다. 장학사가 미 술수업을 관찰한다고 상상해 보자. 이때 교사가 한 학생을 도와주고 있는 것을 관찰하게 될 것이다. 그리고 나머지 학생들은 열심히, 바쁘게 자기 일 을 하고 있는 것같이 보인다. 장학사는 6명의 학생과 잠깐 이야기한다. 6 명 중 4명은 자기들의 작품에 높은 기대와 기준을 가지고 있는 것 같지만 2명은 그렇지 않다. 이 두 명은 단지 일을 마친 것에 만족하는 것같이 보 인다. 장학사는 이러한 관찰내용을 기록한다. 그때에 교사가 높은 기준을 세운 학생을 돕기 위하여 한 행동 또는 하지 않은 행동을 장학사는 관찰할 수 없게 된다. 장학사는 기준과 기대의 문제에 대하여 교사와 이야기하기 위하여 노트를 할 것이다. 즉 학생이 설정한 기준과 교사의 기대 사이의 차를 문제해결 협의회에서 찾아내기 위하여 노트를 할 것이다. 장학사는 기준설정이 단지 교사만의 책임이라고 가정하고 관찰을 시작해서는 안 된다. 모든 학생들이 쉽게 달성하는 목표를 설정하는 것을 보았더라도 교사를 비난하지 않도록 해야 한다. 장학사는 하나의 환경 속에 존재하는 학습자를 관찰하고, 학생의 학습에 관하여 노트에 기록하며, 교사의 역할에 대하여 질문을 제기한다. 장학사는 무초점의 학습중심 관찰을 하고 있는 것이다.

5) 초점 관찰

장학사는 몇 번의 무초점 관찰을 완전히 한 다음 이제 초점 관찰이 도움이 될 것이라는데 교사와 의견을 같이하게 될 것이다. 이러한 관찰은 무엇에 초점을 둘 것인가? 이에 대한 대답은 말할 것도 없이 장학사와 교사가 함께 결정해야 한다. 다음 〈표 5〉에 열거한 9개 측면 중의 하나에 초점을 두기로 결정하게 될 것이다. 연구결과에 의하면 초점관찰은 학생의 성취도에 영향을 주는 것으로 나타났다.

<표 5> 수업관찰의 초점에 관한 제안

1. 교사의 시간사용은 얼마나 효율적인가? 학급사무와, 질서유지, 학습, 개인적인 일에 얼마나 많은 시간을 보내는가?

2. 교사는 얼마나 효과적으로 개념을 설명하는가? 교사는 학습내용을 개괄을 해주고, 전에 배운 개념과 새로 나온 개념을 개괄적으로 설명해 주고, 명백한 정의를 내려주며, 많은 예를 제시해 주는가?

3. 교사의 질문기술은 얼마나 효과적인가? 교사는 계획적인 차례를 고려하고 있는가? 교사는 창의적이고 개인적인 질문은 말할 것도 없고 기억력과 사고력 모두를 요구하는 질문을 하는가?

4. 교사의 반응기술은 얼마나 효과적인가? 교사는 학생들의 대답을 활용하여 반응하는가? 교사는 부정적 피드백과 긍정적 피드백을 적절히 해주는가?

5. 학습목표는 어느 정도 적절하고 얼마나 분명한가? 학습목표의 곤란수준은 학습자들에게 적절한가? 학습목표를 분명히 하는가? 교사는 학생들에게 학습목표를 적절하게 해주는가?

6. 학습활동은 얼마나 적절하고 효과적인가? 충분할 만큼 활동적인 학습전략인가? 활동은 목표에 알맞은가? 학생들에게 목표와 활동의 관계에 대하여 분명히 하는가?

7. 교사의 평가전략은 얼마나 효과적인가? 교사는 학생의 학습평가를 자주 하는가? 모든 학생의 학습을 적절히 평가하는가? 학생들은 자기들의 수업수행에 대하여 피드백을 받는가?

8. 교사와 학생의 상호작용은 얼마나 적절한가? 자원하여 학습에 참여한 사람은? 지명을 받은 사람은? 교사는 학생들의 잘못된 대답에 어떻게 반응하는가? 교사는 수업 전과 후에 누구와 이야기하는가? 학급풍토는 어떻게 특징지을 수 있나?

9. 교사의 학급관리 행위는 얼마나 효과적인가? 교사는 바람직한 학습환경의 종류에 대하여 분명히 말하는가? 교사는 그러한 기대에 대하여 분명히 하는가? 교사는 학습에 방해를 주지 않으면서 학생들이 과업에 집중하도록 하는가? 교사는 과업이탈 행위를 적절히 다루는가? 교사는 학급의 전체상황을 의식하고 있는가?

다른 접근은 하나의 특별한 형태의 학습에 보다 날카롭게 초점을 맞추는 것이다. 예를 들면 〈표 6〉은 작문단원의 작문 전 활동을 가르치고 있는 국어교사를 관찰하는 장학사에게 도움을 주기 위하여 저자가 개발한 양식을 나타낸 것이다. 여기서 이 양식은 특별한 교수기술이 아닌 교수－학습 과제의 본질을 중심으로 구성된 것이다.

<표 6> 학습－구체적 관찰양식: 작문전 활동

교사명: 부간난	일시: 85. 4. 11. 9:00		장학사명: 방병래	
작문 전 활동목표	교사는 목표에 관심을 가졌는가?	목표달성을 위해서 어떤 방법을 사용했나?	성공을 암시하는 학생반응	문제를 암시하는 학생 반응
1. 작문에 흥미자극				
2. 학생이 주제, 독자, 목적을 결정하도록 돕기	예	역할극	5명의 학생이 과업 집중, 작문에 열중	6명의 학생이 혼동하는 것 같고 질문을 함

3. 학생들이 생각하
   고, 정보를 조직
   하도록 도와줌
4. 학생들이 필요한
   사고능력을 기르
   도록 도와줌
5. 학생들이 작문계획
   을 세우도록 도와줌

장학사가 일단 관찰의 특별한 초점에 대하여 결정하였다면 그 다음엔 관찰자료 수집에 도움이 되는 양식을 개발해야 한다. 앞서 주목했던 것처럼 초점 관찰의 특별한 이점은 장학사와 교사가 중요한 장점과 약점을 확인할 수 있도록 매우 구체적인 자료를 제공해 준다는 점이다. 그러므로 장학사는 일반적인 인상이 아닌 매우 구체적인 정보를 만들어 줄 수 있는 양식을 필요로 하는 것이다.

초점 관찰의 양식을 고안하는 데 있어서 다음 과정을 활용하는 것이 좋을 것이다.

1. 관찰과 초점을 확인하라.
2. 초점을 확인하는 데 도움이 되는 행동과 관련된 문헌을 고찰하라.
3. 원하는 양식의 일반적 성격을 고려하라. 만일 장학사가 시간이 지남에 따라 일어나는 것에 관한 정보를 원한다면 그 양식은 시간중심으로 구조화되어야 할 것이다. 그리고 교사가 특별한 학생과 어떻게 관계하는가에 대한 정보를 원한다면 양식은 학생의 성명목록이 되어야 할 것이다.
4. 양식의 초고를 개발하라. 경험 있는 교사들에게 검토해 달라고 부탁하여 장학사가 그것을 개선하려고 노력한다.
5. 실제 관찰을 통해서 그 양식을 수정하려고 노력하라. 좀 더 보완하도록 하라.
6. 사용하기 쉽고 유용한 자료를 제공해 주는 것같이 생각될 때 동료들과 함께 사용해보라.

〈표 7〉은 교사의 설명기술에 관한 초점 관찰의 자료를 얻기 위하여 저자가 개발한 양식을 보여주고 있다. 저자는 강의와, 설명, 개념형성에 관한 문헌을 고찰한 다음 열거된 행동을 확인해냈다. 그리고 각 개념, 원리, 제시된 정보의 종류를 가지고 교사가 이 기술들을 얼마나 효과적으로 사용하는가에 대하여 장학사는 구체적 정보를 원할 것이라는 점을 결정하게 되었다. 다음에 훈련받지 않은 관찰자로 하여금 필요한 관찰을 가능하게 해주는 간단한 코드를 생각해냈다. 초점을 둔 관찰양식의 개발과 사용에 관하여 더 많은 정보를 원하는 장학사는 수업관찰에 관한 좋은 자료를 제공해 주는 Good과 Brophy(1978)의 책을 참고하라.

<표 7> 초점 관찰의 양식: 설명기술

교사명: 이애란	일시: 85. 2. 23 제3교시	장학사명: 마희승

학습주제: 시민전쟁의 원인

개 념	개 괄 해 줌	관련지 어 줌	명백히 설 명해 줌	명백한 예 를 제시함	시각자료 사용	전 환 을 함
1. 원인의 성격	○	××	×	×	○	○
2. 경제적 원인	○	×	×	×	○	○
3. 정치적 원인	○	××	×	×	○	○
4. 이념적 원인	○	×	○	○	○	○

코드: ○: 교사는 이 기술을 사용하지 않는 것 같음.
　　　×: 교사는 이 기술을 만족할 만큼 사용함.
　　　××: 교사는 이 기술을 만족 이상으로 사용함.

6) 관찰분석

장학사는 무초점 관찰 또는 초점 관찰을 하였고, 관찰한 것에 대하여 세밀한 기록을 하였다. 이제 장학사는 자신의 노트 기록과 수업에 대한 주관적 인상을 조심스럽게 분석하여 피드백 협의회를 준비하게 된다. "수업에서 어느 정도의 학습이 이루어졌는가? 어떤 방법으로 교사의 행위가 학습을 촉진 또는 방해하였는가?" 하는 질문은 분석을 통해서 확인하려는 중심문제이다.

장학사는 교사를 평정하는(rating) 데 관심을 갖거나 교사의 의상, 목소리 또는 행동적 개인특성과 같은 개인적 요인에 관심을 가져서는 안 된다. 또 자신이 사용했던 접근과 교사의 접근이 어떻게 다른가에 대하여 여러분은 걱정해서도 안 된다. 장학사의 초점은 오로지 학습에 있어야 한다. 그리고 교수활동 그 학습을 어떻게 촉진 또는 방해하는가 하는 데 초점이 주어져야 한다.

초점 관찰의 분석은 비교적 간단한 문제이다. 장학사는 피드백 협의회에서 논의할 가치가 있는 중요한 정보에 대하여 주의를 기울이면서 초점을 두었던 자료를 검토하게 된다. 다음에 보다 자세히 설명되는 것처럼 초점 관찰에 따르는 피드백 협의회는 관찰자와 교사가 함께 살펴볼 수 있도록 초점 관찰의 양식을 교사에게 전해 줌으로써 시작된다. 이러한 양식을 함께 검토하는 것은 앞으로의 분석에서 단지 주요 문제와 장점에 관심을 둘 필요가 있다는 것을 의미한다. 예를 들면 〈표 7〉에 나타난 "설명기술 양식"을 살펴보라. 장학사는 새로운 개념과 학생들이 이미 알고 있는 개념을 일관성 있게 관련짓는 점에 대하여 교사를 칭찬하고 싶을 것이다. 마찬가지로 약점 또한 분명할 것이다. 즉 개괄이 없었다든지, 그래프나 시각자료를 사용하지 않았다든지, 다음 개념으로 분명히 전환하지 않았다든지 등이다.

무초점 관찰자료를 분석하는 것은 더 어렵다. 장학사는 처리해야 할 많은 자료를 갖게 되고, 그 자료는 교수-학습 상호작용의 여러 측면과 관련된다. 물론 분석의 곤란은 장학사가 어떤 종류의 기록을 했느냐 하는 점과 어떤 형태의 양식을 사용했느냐에 따라 영향받는다. 〈표 3〉에서 보여준 훨씬 덜 구조적인 관찰양식을 사용하면 긍정적인 학생반응을 일으킨 것에 주목하고 문제를 일으킨 것에 주의를 기울이면서 상호작용의 각 연속에 대하여 매우 조심스런 검토를 하지 않으면 안 된다. 만일 〈표 4〉에서 보여준 학습자중심 양식을 장학사가 사용한다면 분석하기는 약간 간단할 것이다. 한번 훑어봐도 학습을 촉진한 행동과 방해한 행동을 알 수 있게 되며 이 행동들을 학습과정의 단계와 관련지을 수 있게 된다.

어떤 종류의 기록을 하고 어떤 종류의 양식을 사용했느냐에 관계없이 장학사는 단순한 도표를 만들어야 할 것이다. 왼쪽 종렬에 긍정적인 효과나 촉진적인 효과를 가져오는 모든 교사행동을 열거하고 그런 행동이 일어났던 때를 상기시키거나 그 행동의 특별한 예를 모두 간단히 기록한다. 그리고 오른쪽 종렬에는 부정적 행동이나 방해활동의 목록을 만든다. 두 목록에 있는 각 항목의 우선순위를 결정하기 위하여 다음과 같은 기호를 사용한다.

1＝매우 중요한 행동: 협의회에서 꼭 논의해야 할 것이다.
2＝약간 중요한 행동: 협의회에서 논의되어야 할 것이다.
3＝덜 중요한 행동: 협의회에서 논의되지 않게 될 것이다.

각 항목의 중요성에 대한 비중을 결정할 때 다음 몇 가지 문제를 고려해야 할 것이다. 첫째, 행동을 교수-학습과 관련지을 때 장학사는 행동의 중요성을 고려해야 한다. 학생의 주의집중을 철저히 감시하는 것과 같은 행동은 학업성취에 중요한 영향을 준다. 그러나 학생의 반응을 재지시하는 것과 같은 행동은 별로 영향을 주는 것 같지 않다. 장학사는 또한 행동의 중요성을 특정 교사에게 비중을 두어야 할 것이다. 그 교사의 전문적 발전은 어디에 있는가? 그 교사는 어떤 기술을 배울 준비가 되어 있는가? 창의적 사고를 가르치는 데 은유법을 사용하는 것과 같은 교수기술은 너무나 복잡해서 다만 경험 있는 교사만이 완전히 익힐 준비가 되어 있는 것 같다. 마지막으로 장학사는 수업에서 일어나는 행동의 발생빈도에 따라 그 중요성을 평가해야 한다. 만일 교사가 수업 중에 학습을 방해하는 행동을 여러 번 했다면 그것이 훨씬 전형적이고 뿌리 깊이 박힌 것이라는 사실을 그 빈도를 통해서 알 수 있게 된다.

우선순위를 정하는 일반적인 규칙은 #1의 평정(매우 중요한)이 둘 이상의 촉진행동과 둘 이상의 방해행동이 되지 않게 제한하는 것이다. 다음에서 보다 자세히 설명되는 것처럼 피드백 협의회에서는 교수문제에 관한 긴 의제를 모두

다루려고 하기보다는 소수의 촉진행동과 방해행동을 강조해야 한다. 〈표 8〉은
이러한 목록의 열거와 우선순위를 어떻게 정해야 하는지를 보여주고 있다.

<표 8> 장학사의 분석과 우선순위 양식

교사명: 고명순	일시: 85. 4. 16.	제3교시	장학사명: 문수철
촉진행동	우선순위	방해행동	우선순위
학생이름을 알음	2	많지 않은 활동적 학습(경청-암기, 칠판 근처 한 학생만 제외하고)	1
학습을 실생활과 관련지음(스페인 용어를 많이 참고함)	1	대부분의 질문이 사실적이다(누구, 언제, 제한).	3
학습을 세밀하게 감시함(퀴즈로 시작하고 많은 구술 질문)	1	선별적인 학생 지명(교실의 중앙에 있는 아이들만)	2
비언어적 지지반응을 사용함(미소, 끄덕임)	2	언어학습에만 너무 많이 의존함(시각자료를 사용치 않음)	1
		너무 수업이 천천히 시작됨(출석 부르고, 도장 찍고, 노트하는데 5분)	2
		2명의 주의집중 않는 학생을 보지 못하고 있음	3

　　장학사는 교실방문에 뒤이어 공식적 관찰보고서를 준비해야 한다. 물론
이를 준비하는 방법이 교육청의 방침과 장학사 자신의 선호에 달려 있기는
하지만 다음의 네 가지 방법을 활용할 수 있다.

1. 공식적 보고서를 쓰지 않는다. 장학사는 관찰하고 협의회를 할 때 피드백 매체로써 주로 대면적 협의회에 의존하고 단지 장학사 자신의 기록에 주의를 기울인다. 만일 교육청에서 장학방문 때마다 보고서를 필수적인 것으로 요구하지 않는다면 이 방법이 가장 바람직할 것이다.

2. 보고서로 관찰양식을 제출한다. 장학사의 관찰 노트는 교사와 협의하는 데 도움이 되게 하려는 의도로 쓰인 원자료이기 때문에 이 방법은 그다지 현명한 것이 못 될 것이다.

3. 교사로 하여금 논평을 첨가하는 난을 만들어 주고 기록을 위한 간단한 보고서를 준비한다. 만일 장학사가 이러한 보고서를 준비한다면 수정될 수 있다는 점에 주의를 기울이며 피드백 협의회의 마지막에 교사에게 이 기록을 주는 것이 아주 유용할 것이다. 〈표 9〉는 이런 목적으로 사용되었던 하나의 예를 보여주고 있다. 이 양식은 수업의 주요 상호작용을 설명해 주면서 시작되고, 촉진적 교사행동과 방해적인 교사행동의 양쪽을 포함하고, 또 교사의 논평을 적을 여백을 남겨놓고 있다.

4. 완전하고 상세하게 기록된 보고서를 준비한다. 협의회는 주로 주요 문제를 간단히 논의하는 시간으로 활용하고 장학사는 피드백의 주요 방법으로 이 양식에 의존한다. 그러나 이 방법이 가장 바람직하지 않다. 왜냐하면 장학과정은 교수-학습에 관한 개방적 논의를 요구하는 상호작용 과정인데, 이 보고서는 이러한 개방적 논의를 방해하기 때문이다.

<표 9> 장학보고서 양식

교사명: 이대보	일시: 85. 7. 10. 오후 1:00
장학사명: 고래모	
주요 교수-학습 작용의 해설 기록:	

1. 교사는 교실의 전면 카펫이 깔린 곳에 학생들을 모아 앉힌다(두 남학생을 시켜 전 시간의 활동으로 지저분해진 것을 깨끗이 치우게 한다). 학생들은 재빨리 움직여 책상에서 나와 앞에 카펫에 앉는다.

2. 교사는 전 작문학습에서 이용하였던 "잭이 지은 집(The House That Jack Built)"이란 시에서 구체화된 운형식(rhyming patterns)과 확대구절(extending phrases)을 복습하기 위해 학생들에게 질문한다. 학생들은 교사의 질문에 쉽게 대답할 준비가 되어 있다.

3. 교사는 학생들에게 "팸이 만든 잼(The Jam That Pam Made)"라는 새로운 시를 소개한다. 그런데 이 시는 운과 확대구절을 포함하고 있는 앞에서 배운 "잭이 지은 집"과 매우 유사하다는 것을 설명한다.

4. 교사는 새 시를 적은 복사물을 학생들에게 나누어 주고, 그 시를 읊어주며, 또 학생들이 자기와 같이 시를 낭송하도록 권한다.

5. 교사는 운을 갖고 있는 말과, 어휘, 사건의 순서 등에 대하여 질문하면서 학생들과 함께 그 시에 대하여 토의한다.

6. 학생들은 시를 다시 더 읊자고 요청한다. 교사는 몇 학생을 뽑아 한 번에 한 줄씩 읽고 나머지 모든 학생이 한 번 더 그 시를 암송하도록 한다.

7. 교사는 학생들에게 연습문제지(worksheet)를 나누어 주고 학생들이 할 일을 다음과 같이 설명해 준다. (1) 문제지에는 10개의 네모 칸이 있는데 각각 하나의 낱말이 들어가야 한다. (2) 각 낱말을 두르고 있는 점선을 따라서 낱말들을 나누어 보라. (3) 낱말들을 될 수 있는 한 많은 문장으로 책상 위에 배열해 보라. (4) 원한다면 그 문장을 공책에 써보라.

8. 교사는 학생들이 과제를 이해하고 있는지에 대하여 묻는다. 어떻게 시작해야 할지 이해했다고 하는 학생들은 제자리로 돌려보낸다. 교사는 이해하지 못했다고 말한 다섯 학생을 계속 지도하고 있다. 교사는 과제를 다시 설명해 주고 학생들의 질문에 대답한다. 교사는 해야 할 일을 학생들이 이해하였는지 개별적으로 물어보고 제자리로 돌려보낸다.

9. 학생들은 가위를 가지고 문제지를 자른다. 그리고 낱말들을 자기 책상 위에 배열한다. 학생들은 배열된 낱말을 보고 문장을 공책에 쓰기 시작한다. 네 학생은 문장을 쓰지 않는다.

10. 교사는 학생들에게 큰 소리로 문장을 읽으라고 하면서 교실을 순회한다. 교사는 학생들의 문장에 대하여 반응을 해주고, 어떤 때는 웃기도 하고, 칭찬도 해주며, 내용에 대하여 평을 해주기도 하고, 다른 문장이 되도록 낱말을 더 배열해 보라고 격려하기도 한다. 주기적으로 교사는 학생들의 문장 중에서 하나씩을 뽑아 칠판 위에 쓴다.

11. 20분 후에 교사는 학생들의 주의를 집중시키고 학생들의 책상 위에 배열되었던 우수한 문장에 대하여 평을 해주며 학생들의 공부에 만족한다고 말한다. 교사는 학생들이 만든 문장들이 모두 매우 다른 것들이었고, 학생들이 만든 각각 다른 문장들을 서로 나누어 보는 게 좋겠다고 말한다. 교사는 칠판에 써 놓은 아홉 개의 문장을 학생들에게 읽어주고 그 문장의 아이디어와 구조에 대하여 평을 해준다.

12. 교사는 누가 공책을 제출해 주지 않겠느냐고 묻는다. 나머지는 문장을 적은 공책을 집에 가지고 가라고 말한다.

교사의 논평:

내 지시가 분명했는지 걱정했다. 학생들을 교실 앞으로 모았을 때 낱말들을 문장으로 배열한 보기를 이용해야 하지 않았을까 하고 생각한다.

학습을 촉진했던 것으로 생각되는 교수행위:

1. 학생들에게 적절하고 호감을 주는 좋은 작품을(두 개의 시) 실례로 제공해 줘서 학생들의 흥미를 자극하였다.

2. 문장을 구성할 수 있는 낱말들을 학생들에게 제공해 줘서 학생들의 작문활동을 촉진시켰다(이것은 마지막 관찰에서 학생들이 맞춤법의 어려움을 극복할 수 있게 해주었다는 점이 증명한다).

3. 개별 학생들이 부과된 과제를 이해했는지 확실히 확인하는 데 많은 시간을 활용했다.

4. 교사가 교실을 순회할 때 각 학생의 일에 진지한 관심을 보여줬다. 문장에 담긴 유머에 웃기도 하고, 학생들의 노력을 칭찬도 하고, 자신 없어하는 한두 학생과 소재에 대하여 이야기하기도 했다.

5. 교사는 백지를 가지고 다니며 훌륭한 문장을 썼다고 칭찬하고 그 백지 위에 학생들의 문장을 써 달라고 요청하기도 하였다.

교사의 논평:

난 이 수업에 만족했고, 학생들이 만든 문장을 보고 아주 놀랄 만큼 기뻤다.

학습을 방해한 것 같은 교수행위:

1. 학생들이 모두 교사에게 주의를 기울이기 전에 교사가 지시하기 시작하였다.

2. 교사는 학습과제에 금방 싫증을 낸 한 학생을 무시했거나 아니면 의식하지 못했고, 교실 건너편에 있는 학생을 불러서 약간 학생들을 방해했

고, 잠시 교실을 목적 없이 배회했고, 그래서 다른 학생들의 과제집중행위를 방해했다.

교사의 논평:

내가 지시하기 전에 좀 더 기다리고 모든 학생이 나에게 집중했는가를 확인했어야 했다고 인정한다. 나도 그 점을 알고 있었지만 시간이 너무 많이 걸릴 것 같아 기다리지 못했다. 내가 좀 참을성이 없는 것 같다.

7) 피드백 협의회

분석이 끝났으면(그리고 미리 보고서를 쓰기로 결정했다면 보고서를 가지고) 장학사는 피드백 협의회를 할 준비가 된 것이다. 관찰이 끝난 다음 분석을 위하여 충분한 시간을 할애할 수 있도록 하고 가능한 한 즉시 협의회를 개최해야 한다. 이 협의회는 약 30분 정도 걸릴 것이다. 협의회 시간이 짧으면 너무 급히 서둘게 되고 너무 길면 피로하고 지루하게 된다. 협의회는 방해가 안 되는 분위기 속에서 열리는 게 좋다. 만일 전화나 방문객이 협의회의 흐름을 방해하도록 내버려 두면 다른 일에 더 우선권을 두고 있다는 인상을 교사에게 암시해 주게 된다.

장학사는 피드백 협의회를 어떻게 운영해야 하는가? 이미 살펴본 바와 같이 협의회의 방식은 대개 지시적 또는 비지시적이라는 두 범주로 나누어진다. 지시적 방식은 충고(advising), 비평(criticizing), 지시하기(giving directions)로 특징지을 수 있으며, 비지시적 방식은 반성적 경청(reflective listening), 칭찬(praising), 지지하기(supporting)로 특징지을 수 있다. 그리고 앞에서 시사한 것처럼 학습중심 장학은 문제해결 방식을 사용하여 장학사가 교사로 하여금 수업 문제를 해결할 수 있도록 도와주는 협동적이고 적극적인 역할(collaborative and active role)을 한다. 이러한 문제해결적 접근에서 장학사는 문제의 탐색, 자료의 기억, 선택대안의 제시, 예상되는 결과에 대한 검토와 같은 일을 하여 교사의 참모(second brain)와 같은 일을 한다.

여기서 세 가지 방식을 예로 들어본다.

지시적:

교사: 수업시간의 마지막 부분에서 저는 학생들이 흥미를 끌지 못한 것 같이 느꼈어요.

장학사: 그랬어요. 선생님은 학생들을 너무 오래 앉혀 놓았고, 또 마지막 20분 동안을 거의 선생님 혼자 이야기했어요. 선생님은 활동형태를 바꿔야 해요.

비지시적:

교사: 수업시간의 마지막 부분에서 저는 학생들의 흥미를 끌지 못한 것 같아요.

장학사: 선생님은 학생들이 진실로 참여하지 못했다고 걱정하시는군요.

교사: 예, 확실히 그랬어요. 전에도 이 학급에서는 그랬어요.

장학사: 선생님은 한 학급으로서의 학생들에 대한 감정을 가지고 고민하는 것 같군요. 그러면 한 집단으로 생각할 때 선생님의 느낌은 어떻습니까?

문제해결:

교사: 수업시간의 마지막 부분에서 저는 학생들의 흥미를 끌지 못한 것 같아요.

장학사: 제 기록에 의하면 수업시간의 약 30분간 학생들의 주의집중이 현저하게 떨어졌다는 것을 보여주고 있어요. 그 원인이 어디 있다고 생각하십니까?

교사: 글쎄요, 날씨가 너무 덥고 후덥지근했다고 생각해요. 확실히 그게 큰 요인이었다고 믿어요.

장학사: 아마 그랬을 거예요. 그런데 날씨는 그 전에도 마찬가지로 더웠

지만 그날은 학생들이 훨씬 주의집중을 잘했는데 왜 차이가 났을까요?

   교사: 맞아요. 그 전날에는 학생들이 한 시간 내내 바쁘게 공부하고 있었어요. 그땐 많은 활동이 있었던 것 같아요.

   지시적 장학사는 충고를 하는 반면 비지시적 장학사는 경청한다. 문제해결 장학사는 자료를 제공해 주고, 교사로 하여금 어떤 설명과 이유를 생각하도록 도와주며, 그 차이에 대처하도록 한다. 이 셋 중에서 문제해결적 방식이 가장 어렵다. 그러나 필자의 경험에 의하면 장기적 안목에서 볼 때 가장 효과적인 방식이다. 이 방식은 교사를 자신의 학습에 지향할 수 있는 능력 있는 성인으로서 존경하며, 전에 있었던 수업수행이나 분석에 근거하여 미래의 행동을 결정하는 데 교사를 참여시킨다. 그리고 교사가 선택한 일에 대하여는 스스로 책임을 지도록 도와준다. 이 방식은 또한 자료를 제공해 주고, 원인에 대하여 반성적 사고를 하며, 조건을 진단하고, 해결점을 찾는 데 있어서 장학사가 적극적이고 협동적인 역할을 할 수 있도록 한다.

   문제해결 협의회는 어떤 딱딱한 공식에 따르지 않지만 다음 다섯 개의 연속적 단계를 밟아 나아갈 때 보다 효과적일 것이다.

   1. 감정의 분별: 장학사는 협의하고 있는 해당 수업에 대한 지배적인 감정을 교사가 분별해 낼 수 있도록 도와준다. 이 수업에 대한 감정과 느낌은 교사의 지각에 대한 어떤 중요한 통찰을 할 수 있게 해주기 때문에 감정수준에서부터 시작하는 게 좋다. 이러한 감정은 흔히 "난 정말 그 수업에 대하여 아주 좋은 느낌을 가지고 있어요"라든지 "난 정말 그 시간을 엉망으로 만들었어요"와 같은 일반적 말이 되기 쉽다.

   2. 상호작용의 회상: 다음은 "선생님이 특별히 잘 기억나는 수업의 한 특정 부분이 있습니까?"와 같이 질문하여 앞서 분별한 긍정적 감정 또는 부정적 감정을 일으킨 수업의 구체적 부분을 교사가 회상할 수 있도록 도와줌으로써 구체적 수준으로 옮겨가는 것이다.

   3. 원인분석: 이제 장학사는 자료를 분석하여 바람직한 또는 바람직하지 못

한 상호작용을 일으킨 원인을 교사로 하여금 분석할 수 있도록 도와주게 된다. "제가 수집한 자료에 의하면 그때 과제에서 벗어난 행동이 너무나 많이 있었다는 것이 암시됩니다. 그 특정시점에서 선생님이 무엇을 토의하고 있었는지 기억하십니까?"와 같은 질문이 적절하다.

4. 전략의 확인: 이러한 분석을 토대로 하여 반복해야 할 성공적인 전략을 확인하거나, 또는 앞으로 사용할 대안적 전략을 생각하도록 교사를 도와줘야 한다. "선생님이 제안한 것처럼 학생들을 소집단으로 나누었다면 어떤 효과를 가져왔을까요?

5. 학습의 일반화: 앞의 분석을 통해서 알게 된 일반원리에 대하여 생각할 수 있도록 장학사가 교사를 도와주는 단계이다. 장학사는 앞으로 교사가 실천하는 데 유용한 지침이 되는 일반화된 개인적 통찰을 개발할 수 있기를 원하는 것이다. "선생님은 그 수업 중반 이후의 퇴조를 다룸으로써 알게 된 것을 어떻게 생각하십니까?"와 같은 질문이 적절하다.

물론 경험 있는 장학사라면 이러한 형태를 여러 가지로 변화시켜 상투적인 것이 되지 않게 할 것이다. 단지 잊지 말아야 할 것은 기본목표, 즉 문제를 해결하고, 또 그 문제해결 활동으로부터 무엇인가 배울 수 있도록 교사를 도와주는 것이다.

8) 형성평가 협의회

이 형성평가 협의회는 교사를 평정하는 시간이 아니고 오히려 과거에 어떤 일이 있었으며 앞으로 어떤 일이 일어날 것인지에 대하여 상호 평가하는 시간이다. 이 협의회의 의제는 오히려 훨씬 간단하다.

1. 장학사와 교사는 장학관계성(奬學關係性)에 대하여 어떻게 느끼고 있는가? 양자 간에 개인적 상호작용과 관련된 어떤 문제가 있는가? 변화시켜야 할 것이 있는가?

2. 장학사와 교사는 장학과정에 대하여 어떻게 느끼고 있는가? 관찰과 협의회의 개최 빈도는 만족할 만한가? 협의회와 관찰은 생산적인가? 변화시켜야 할 것이 있는가?

3. 장학사와 교사는 교사의 전문적 성장에 대하여 어떻게 느끼는가? 어떤 특정 방법에서 가장 발전하였는가? 어떻게 그런 발전을 가져왔는가?

4. 더 향상시켜야 할 것에 대하여 장학사와 교사는 어떻게 느끼고 있는가? 아직 더 발전시켜야 할 기술은 무엇인가? 향상을 가져오고 기술을 발전시키기 위하여 어떤 구체적 계획을 세워야 하는가? 교사에게 이용 가능한 다른 자원(resources)은 무엇인가?

5. 교수와 학습에 대하여 장학사와 교사가 함께 배운 것은 무엇인가?

위의 각 경우가 모두 동반자 정신을 요하는 공동적이고 협동적인 상호교환이라는 데 강조점이 주어져야 한다.

임상장학의 적용

7장에서는 선택장학 체제의 적용과정에 대하여 자세히 논의하게 된다. 그러나 여기서는 이것을 임상장학과 관련지어 볼 때 두 가지 질문에 초점을 두는 것이 유용할 것이다. 어떤 사람이 이 장학을 받아야 하는가? 누가 이 임상장학을 제공해야 하는가?

1. 어떤 사람이 임상장학을 받아야 하는가?: 장학의 선택적 체제에서 다음과 같은 교사집단들이 임상장학을 받아야 할 것이다.

- 교수활동을 처음 시작하는 무경험 교사. 이들은 아직 교수기술(craft

of teaching)을 배우고 있는 중이므로 첫해에 능란한 장학사를 필요로 한다.

- 특정 학교에서 막 가르치기 시작한 경험 있는 교사. 장학사가 이들의 기본능력(basic competence)을 확신할 때까지는 적어도 임상장학으로부터 장학을 시작해야 하는데 이들은 미지수이다.
- 심각한 교수-학습문제에 부닥친 경험 있는 교사. 이들은 임상장학의 집중적인 도움을 필요로 한다.
- 집중적 장학을 받으면 많은 이익을 받을 수 있다고 믿는 능력 있고, 경험 있는 교사. 이들이 효과적인 장학을 통해서 많은 것을 배울 수 있다 하더라도 임상장학은 그들 자신이 선택할 수 있는 하나의 대안이 되어야 한다.

2. 누가 임상장학을 제공해야 하는가? 이에 대한 대답은 훨씬 더 복잡하다. 이상적으로는 행정가가 아닌 훈련받은 장학사가 제공해야 한다. 대부분의 행정가는 평가를 해야 한다. 그리고 장학분야의 전문가들에 의하면 평가자는 장학을 제공해서는 안 된다는 것이다. 평가과정은 평가자와 교사 사이의 의사소통을 차단하는 경향이 있기 때문에 교사는 문제를 협의하려고 하기보다는 자신을 방어하려고 한다. 그리고 효과적 장학은 개방적 의사소통을 필수적으로 요구하고 있다.

그러나 대개의 조그만 교육청에는 훈련받은 장학사가 거의 없기 때문에 다른 해결책을 찾게 된다. 미국 Washington D. C.에 있는 학교에서는 학급교사가 동료교사를 임상장학하는 임상장학사로 활동하도록 훈련하는 장학체제를 개발하여 적용하였다. Freeman과 Palmer, Ferren(1980)은 이 프로그램이 경험 있는 교사에게 장학에 필요한 기술을 가르쳐 주는 데 성공적이었으며 임상장학을 요구하는 모든 사람에게 훌륭한 임상장학을 제공해 주는 데 성공적이었다는 점도 보고하였다.

두 번째의 해결방안은 한 행정가는 평가임무를 맡지 않고 주로 임상장학의 책임만을 맡으며 다른 행정가를 평가책임자로 지정하는 것이다. 만일 이러한 역할분화(role differentiation)를 할 수 있을 만큼 충분한 행정가가 있고, 또 이들 행정가에게 필요한 훈련을 시킬 수 있다면 이러한 해결책은 실현가능성이 있다.

세 번째 해결책은 위의 두 번째 것을 변화시킨 것인데 Sturges와 그의 동료들(1978)이 권장하는 것이다. 이들은 장학에서 고질적인 역할갈등(role conflict)을 분석하여 두 개의 장학 범주들, 즉 평가를 위한 행정장학자(administrative supervisor)와 도와준다는 의미에서 장학을 위한 협의장학자(consultative supervisor)를 지정할 것을 제의하였다. 교육청이 장학인원을 줄이고 있는 때에 이러한 해결책을 적용하기란 확실히 실현가능성이 적다.

또 다른 하나의 가능성은 이웃 학교끼리 협의장학을 위해서 교장을 "교환(exchange)"하는 것이다. A라는 학교의 교장은 B라는 학교의 교사들을 위한 임상장학사로 봉사하고, B학교 교장은 A학교 교사집단을 위해서 임상장학을 할 수 있을 것이다.

마지막 해결책은 말할 것도 없이 학교장이 장학과 평가의 두 일을 동시에 시도하는 것이다. 신뢰와 개방적인 풍토를 확립한 조그만 학교의 교장은 장학이라는 첫 번째 감투(hat)를 비교적 성공적으로 쓰고, 다음엔 두 번째의 다른 감투를 성공적으로 쓰고 있다는 연구 보고서가 있다. 이 교장은 "내가 다른 말을 하지 않는 한 교실방문을 하는 것은 모두 장학을 위한 것입니다"라고 교사들에게 말하여 확신시키는 것이다.

그래서 임상장학은 필요하다. 특히 소집단의 교사에게 꼭 필요하다. 그리고 평가하지 않을 것으로 기대되는 훈련받은 장학사가 임상장학을 제공한다면 효과적일 수 있다.

3

협동적 동료장학

능력과 경험이 있는 교사들에게 제공할 수 있는 장학적 대안들 가운데 하나는 수업개선을 위한 동료적 협동의 과정(a process of collegial collaboration)이라 요약할 수 있는 협동적 동료장학(역주: 원어 그대로 하면 협동적 전문성 개발이라고 해야겠으나 결국 동료교사끼리 하는 장학적 노력이기 때문에 협동적 동료장학이라 부름)이다. 본 장에서는 (1) 협동적 동료장학의 성격에 대하여 기술하고, (2) 몇 가지 서로 다른 접근법에 관하여 설명하며, (3) 이 장학방법과 관련된 연구에 대하여 고찰하고, (4) 이것이 선택장학 체제 내에서 대체로 어떻게 운영되는가를 지적하고자 한다.

협동적 동료장학의 성격

협동적 동료장학은 일반적으로 둘 이상의 교사가 서로 수업을 관찰하고, 그 결과에 대하여 피드백을 제공해 주며, 공통되는 전문적 관심에 대하여 토의함으로써 자신들의 전문적 성장을 위해 함께 일하기로 동의하는 비교적 半形式化된 과정으로 흔히 문헌에서는 동료장학(peer supervision or collegial supervision)이라 부르는 것이다. 그러나 이 동료장학이라는 용어는 다음과 같은 두 가지 이유 때문에 필자는 마땅치 않게 생각한다. 첫째, 우리의 연구에 의하면 교사들은 흔히 장학이라는 개념을 명령하고 평가하는 부정적 이미지와 동일시한다는 것이다. 그래서 결과적으로 교사들은 서로 "장학"한다는 암시를 주는 어떤 과정에도 참여하고 싶어 하지 않는다. 둘째, 이 동료장학이라는 용어는 오해를 일으키고 있다. 즉 문헌상에 기술된 협동적 개발(cooperative development) 또는 동료개발(collegial development) 체제는 장학전문가들이 밝힌 장학기능 중에서 실제로 극히 적은 부분만을 포함하고 있다. 그리고 Alfonso와 Goldsberry(1982)가 정확히 지적한 것처럼 "수업개선에 대하여 교사가 기여한 것과 조직의 형식적인 기대로서의 장학활동 사이에는 명백한 구별이 있어야 한다"(p.94)(역주: 이러한 저자의 "동료장학"이란 말의 기피에도 불구하고 역자가 구태여 이 용어를 사용하는 것은 이 용어가 우리나라에서 이미 보편화되어 있고 새 용어의 사용으로 혼란만 야기할 것이기 때문이다).

다음에 살펴보는 것처럼 이 협동적 동료장학은 여러 가지 특성(feature)을 갖고 있다. 즉, 두세 명의 교사가 서로 관찰하고 그 결과를 교환하는 간소한 프로그램에서부터 한 팀의 교사들이 수업기능의 여러 측면에서 협동하는 극히 야심적이고 종합적인 계획에 이르기까지 여러 특성이 있다. 이 책에서는 다음과 같은 형태를 취하는 어떤 프로그램에도 이 협동적 동료장학이라는 용어를 사용하기로 한다.

1. 관계성은 비교적 반형식적이고 반제도적이다. 이것은 친밀한 관계에 있는 둘 이상의 교사들이 우연히 방문하는 단순한 비공식적 교류는 아니다.

2. 교사들은 적어도 두 번 이상 서로의 수업을 관찰하고 관찰 후에는 협의회를 개최한다.

3. 관계성은 상호 동료적이다. 행정가나 장학사가 이 동료장학의 프로그램에 참여하고 때때로 감독(monitoring)하기도 하지만 관찰과 협의회, 토의에는 단지 교사들만 참여한다.

4. 관계성은 평가적이 아니다. 이것은 표준적 평가체제를 대신하는 게 아니라 보완적 의도를 갖고 있다. 관찰자료나 협의회자료는 행정가가 가질 수 없도록 하고 이것을 평가과정의 일부로 사용하지 못하게 한다.

그래서 이 네 가지 특성은 협동적 동료장학의 근본적 성격이다. 다음에서 살펴보는 것처럼 이 협동적 동료장학의 정의는 여러 가지 다양한 방법을 포괄하는 만큼 아주 광범하다.

다양한 협동적 동료장학 방법

물론 이러한 협동적 개발체제가 완전히 새로운 것은 아니다. 1958년에 McGuire와 그의 동료들은 시카고 대학교 실험학교(University of Chicago Laboratory School)에서 어느 정도 형식화된 학교 내 방문 프로그램을 실시하였다. 이에 참여한 교사들은 관찰시간을 마련하는 데 어려움이 있었다고 보고하기는 했지만 (1) 교수방법을 서로 나누어 가질 수 있는 기회를 갖고, (2) 자기 자신의 교수 측면에 대한 긍정적 강화를 받으며, (3) 동료교사의 수업활동에 대하여 많은 감상을 할 수 있게 되고, (4) 자기가 맡은 학생들에 대하여 보다 많은 이해를 할 수 있게 되는 등 여러 가지 중요한 이점이 있다는 데 주목하였다.

동료장학 또는 협동적 전문성 개발(cooperative professional development)은 최근에 다음 몇 가지 이유로 해서 많은 교육자들의 관심을 끌어왔다. 이러한 과정에서 동료장학은 몇 가지 독특한 형태를 갖게 되었다.

1. 비공식적 관찰자와 협의자로서의 동료: 협동적 동료장학의 대표적 형태라고 할 수 있는 방법에서 팀 구성원이 서로 무초점 관찰이나 초점 관찰을 하기로 간단히 동의하면 되는데, 무초점 관찰이나 초점 관찰이냐는 피관찰 교사가 무엇을 희망하느냐에 달려 있다. 그리고 나서 비공식적으로 피드백을 제공해 주고, 교사가 갖고 있는 어떤 관심과 문제점에 대하여 함께 협의하게 된다. 이 과정은 비교적 단순해서 집중적이거나 정확을 요하는 임상장학을 하려고 꾀하지 않는다.

2. 임상장학자로서의 동료: 2장에서 말한 것처럼 미국 Washington, D. C.의 교육구에서는 지난 몇 년 동안 교사들을 동료를 위한 임상장학자로 훈련시키는 프로그램을 후원해 왔다. Freeman과 Palmer, Ferren(1980)에 의하면 이제는 학급교사가 자기 동료들에게 임상장학 모형을 가르치고, 비지시적 방식으로 협의하는 기술을 강조하고, 사실적 자료를 수집하며, 교수형태를 인정하고, 동료장학 프로그램을 실천하는 등의 활동을 하고 있다는 것이다. 또 이들의 보고에 의하면 이 프로그램은 대상 교사의 89%가 장학에 대하여 보다 더 긍정적 태도를 보였고, 98%는 수업개선에 관심을 나타냈으며, 94%가 수업개선의 도구로서 임상장학 모형이 좋다는 매우 긍정적인 결과를 나타냈다는 것이다.

3. 초점적 관찰자로서의 동료: 교사기대와 학생의 학업성취(Teacher Expectations and Student Achievement: TESA)라는 프로그램에서는 교사들을 초점 관찰자로 활용하도록 훈련시켰다(Kerman, 1979). 여기서는 학생과 교사의 상호작용에 관한 연구를 먼저 고찰하고, 참가자로 하여금 이 상호작용 기술을 자기들 수업에서 어떻게 사용하느냐에 관하여 가르치는 순서로 워크숍을 시작하였다. 각 워크숍 수업이 끝난 다음 교사들은 30분씩 최소한 네 번을 서로 관찰하게 되어 있다. 교사들은 관찰을 받는 동안 워크숍에서 배운 특

별한 상호작용 기술을 구체적으로 사용하려고 시도한다. 관찰자는 전에 목표로 삼았던 상호작용의 빈도만을 기록한다. 관찰된 자료를 피관찰 교사에게 전해 주기만 하면 그 교사는 자료를 살펴보고 유용하다고 생각되는 어떤 결론을 도출해 내게 된다. Kerman은 3년에 걸친 이 프로그램의 결론으로 실험학급에서 2천 명의 저학력 성취자들이 통제집단보다 훨씬 높은 학업성취를 보여줬고, 결석률이 낮아졌으며, 훨씬 적은 학생처벌조회가 있었다는 것을 밝혀냈다.

4. 현직연수 지도자로서의 동료: Lawrence와 Branch(1978)는 보다 더 종합적인 접근을 주장했는데 이것을 동료위원회(Peer panel)라고 불렀다. 이 접근에서 3~5명의 동료위원들은 직원(교사)들의 현직연수를 위하여 봉사하는데 (1) 이들은 구성원들의 자기분석 욕구를 타진하는 위원회로 활동하고, (2) 대개 관찰에 의하여 교육과정과 수업을 분석하는 데 서로 보조활동을 하며, (3) 서로 관찰에 대한 피드백을 제공해 주고, (4) 기록을 통해 상호간의 현직연수 목표달성의 정도를 확인하는 등 네 가지 구체적 기능을 제공한다. Lawrence와 Branch에 의하면 현직 교육에 관한 연구에 의하여 이 동료위원회 접근이 간접적으로 지지되었다고는 하지만 이것이 얼마나 성공적이었는지 알 수 있는 직접적인 증거는 제시하지 못하고 있다.

5. 팀의 교사와 관찰자로서의 동료: 말할 것도 없이 팀 티칭을 위한 대개의 접근은 팀 구성원들이 상호 관찰하고 적어도 비공식적인 방법으로라도 상호 피드백을 제공해 줄 것이라는 기대에 근거를 두고 있다. 그러나 개별지도학습(Individually Guided Education: IGE) 모형(Withall and Wood, 1979)에서 관찰과 피드백을 약간 더 형식화하고 체제의 통합적 부분으로 보았다. 각 참여교사는 피관찰자인 자기에게 중요한 하나의 특별한 교수 측면에 주의의 초점을 맞춰 수업을 관찰해 달라고 부탁한다. 동료교사는 관찰을 하고, 그 자료를 분석하며, 관찰과 분석에 대한 피드백을 제공한다. Withall과 Wood는 Pennsylvania State University에서 행한 연구를 인용하고 있는데 이 연구에 의하면 단지 한두 번 관찰을 하고 나서 동료관찰을 사용하려고 참여하는 데 의미 있는 증가가 있었고 또 전문적 수행을 개선시키려는 과정을 사용하려는 능력에 있어서도 의미 있는 증가가 있었다는 것이다.

앞서 협동적 동료장학의 성격에서 언급한 네 가지 특성(feature)을 포함하여 그 초점과 범위가 다양한 협동적 동료장학의 여러 형태를 주의하여 살펴보기 바란다. 각 접근법은 어느 정도(앞에서는 반이라 표현했었음) 형식화된 과정으로 되어 있으며, 관찰과 피드백을 포함하고, 동료적 관계성에 기초를 두고 있으며, 비평가적인 측면을 강조하는 것 등은 공통이다.

협동적 동료장학에 대한 논란

이 협동적 동료장학은 어떤 형태를 취하고 있느냐에 관계없이 전문분야에서 일반적으로 널리 받아들여지지는 못했다. 이 협동적 동료장학의 실현가능성과 그 효과성에 관한 연구를 고찰해 보기 전에 먼저 이에 대한 찬·반 양론을 살펴보기로 한다.

1) 협동적 동료장학에 대한 찬성론

협동적 동료장학을 주창하는 사람들은 다음 몇 가지를 근거로 하여 주장한다. 첫째, 교사들은 조언을 얻기 위하여 장학사보다는 동료교사를 선호한다는 점을 지적한다. 그리고 협동적 동료장학은 이러한 경향을 정당화하고 강화시키는 경향이 있다. 교사가 누구와 협의하고 싶어 하는가에 관한 가장 종합적이고 포괄적인 고찰은 Holdaway와 Millikan(1980)이 제시한 연구일 것이다. 이들은 10여 년 이상 Alberta 대학교(University of Alberta)에서 수행된 네 개의 연구를 고찰하고 나서 교사들은 동료들에게 더 많은 도움을 요청하고 장학사의 충고보다도 동료의 충고에 더 가치를 두는 경향이 있다는 것이다. 이러한 연구결과는 DeSauctis와 Blumberg(Blumberg, 1980)의 교사의 대화에 관한 연구에서도 잘 뒷받침되고 있다. 이들의 연구에 의하면 전문적 문제에 관한 교사의 대화의 64%가 동료들과의 사이에서 이루어졌으며, 단지 23%만이 다른 전문인사(professional staff personnel)와 이루어지고, 7%가 교장과의 사이에서 이루어지는 결과를 나타냈다.

이러한 프로그램의 적용을 지지하는 사람들이 말하는 두 번째 이유는 교사들에게 전반적인 훈련을 시키지 않고 또 복잡한 양식을 사용하지 않고도 교사들은 서로 유용한 피드백을 제공할 수 있다는 것이다. 그리고 협동적 동료장학은 이러한 피드백을 보다 더 규칙적이고 체계적으로 제공할 수 있도록 구조화된 것이다. Brophy(1997)는 교사들이 수업 중에 학급에서 일어났던 일에 대하여 동료로부터 피드백을 받기만 해도 자기의 교수방법에 대하여 많은 것을 배울 수 있다는 점을 지적하고, 능력 있고 관심을 갖는 동료와 함께 일하도록 촉구하고 있다.

끝으로 협동적 동료장학을 주창하는 사람들은 이러한 동료체제가 동료의식의 규범을 근거로 하여 형성되고 또 동료의식의 규범을 유지하게 한다는 점을 지적하고 있다. 그런데 이러한 동료의식의 규범은 성공적인 학교를 이룩하는 중요한 특성인 것으로 밝혀졌다. 네 개의 성공적인 학교와 두 개의 덜 성공적인 학교에 대한 Little(1982)의 연구는 이러한 규범이 존재한다는 것이 성공적인 학교의 중요한 특성이라고 결론을 맺고 있다. 또한 Beman과 McLaughlin(1978)의 성공적인 혁신에 관한 고찰에서도 대체로 같은 결론을 내리고 있다.

2) 협동적 동료장학에 대한 반대론

이러한 찬성론적 주장이 있지만 이 동료체제가 바람직한 것이냐(desirability)와 실현 가능한 것이냐(feasibility)의 두 측면에서 의문을 제기하는 회의론자들을 설득하여 확신시키지는 못하고 있다. 협협적 동료 장학체제가 바람직하냐에 대하여 의문을 제기하는 사람들은 대개 장학에 대하여 훈련받지 않은 교사들이 훈련받은 장학사들과 같은 수준의 장학을 할 수 없다는 점을 지적한다. 이러한 회의론자들은 장학은 훈련받지 않은 교사가 할 수 있는 것 이상으로 고도의 기술적 과정을 필요로 하는 것으로 보고 있다. Lieberman(1972)은 비용-효과라는 측면에서 이 장학체제가 바람직하냐에 대하여 의문을 제기한다. 계약으로 이러한 프로그램을 지지하지 않도록 협상 집단에 대하여 충고하면서 Lieberman은 이것이 교사로 하여금 관찰하도록 하여 대치시키는 비용에 비해 효과적이지 않다고 주장한다. 끝으로 여기에서는 관찰과 피드백 협의회가 치밀한 계획하에 이루어지지 않고 무선적 임의활동으로 일어나며 체제목표와 잘 연결되지 않기 때문에 효과적이기 어렵다는 점을 Alfonso(1977)는 지적하고 있다.

그리고 이 협동적 개발이 바람직하다는 점을 인정하지만 그것은 과연 실현 가능하냐에 대해서는 의문을 제기하는 사람들도 있다. 이러한 점을 날카롭게 지적한 연구로는 Alfonso와 Goldsberry(1982)의 논문을 들 수 있다. 이들은 협동적 접근의 가치와 목표에 대해서는 일반적으로 동의하지만 다음과 같은 몇 가지 중요한 조직 면에서의 장애요인을 매우 잘 묘사하고 있다. 첫째, 학교의 관료적 구조는 이러한 프로그램을 방해하는 쪽으로 작용하고 있다. 즉 시간부족, 동료와의 부적절한 상호작용, 학교건물의 물리적 구조 등의 방해를 받고 있다. 둘째, Alfonso와 Goldsberry는 대체적인 학교환경이 이러한 장학체제에는 적합하지 않다는 점에 주의를 기울였다. 즉 학교는 선생님들을 팀 지향적이 되도록 하기보다는 독립적이도록 만들고 있으며, 상호 작용하도록 하기보다는 서로 고립시키고 있다. 끝으로 모든 집단협상의 합의사항이 이러한 프로그램의 성공적인 시행을 방해하고 있는 점에 주의를 기울이고 있다. 이에 관하여는 대부분의 계약사항이 지지와, 협동, 동료의식적이기 보다는 오히려 제한적이라는 것을 Alfonso와 Firth, Neville(1981) 등의 연구를 인용하여 지적하고 있다.

협동적 동료장학에 관한 연구

불행하게도 이러한 논란에 대하여 지금까지 이루어진 연구들이 어떤 결정적인 해답을 주지는 못하고 있다. 우선 비교적 적은 숫자의 연구가 있을 뿐인데 대부분이 실현가능성에 대하여 조심스런 조사를 하고 있다. 이러한 프로그램의 효과에 대하여 관심을 가진 연구들은 대개 행동에 대한 효과를 분석한 게 아니라 참가자의 태도와 지각에 대해서만 분석하였다. 이런 연구와는 달리 Nelson과 Schwartz, Schmuck(1974)가 실시한 훨씬 세심하게 설계된 연구에서, "동료장학(collegial supervision)"이라는 용어를 사용하여 다음과 같은 결론을 맺었다.

> 동료장학은 장학을 받는 교사의 태도와 전문적 상호의존성을 개선할 수 있다. 동료장학의 효과는 일차적 집단의 의사소통이 적절할 때 가장 크다.

그러나 모든 연구가 실천자들에게 유용한 지침을 제시하며 협동적 프로그램의 실시를 어느 정도 잠정적으로 지지해 주고 있다.

첫째, 저자의 지도하에 연구하고 있는 박사과정자와 다른 연구자들이 행한 실현가능성에 관한 모든 연구를 고찰한 바에 의하면 다음과 같은 요소들이 이 프로그램의 성공여부에 강력한 영향을 준다는 점이 시사된다(Pennsylvania 대학교에서 실시한 연구로는 Shapiro, 1978; Chalker, 1979; Ball, 1981; Beck, 1982; Shields, 1982; Cooper, 1983을 보라).

1. 행정가의 태도: 만일 행정가들이 이러한 장학 프로그램을 반대한다면 훨씬 성공하기 어려울 것이다. 반대로 행정가들이 너무나 지나치게 이러한 프로그램을 옹호하고 나서면 행정가들을 불신하게 된다. 행정가들이 취할 가장 좋은 태도는 지지와 지원의 태도이지 지나치게 공격적이거나 옹호적인 태도가 아니다.

2. 교사단체의 태도: 교사단체는 이러한 동료장학 프로그램에 대하여 공식

적인 지지표명을 꺼리고 있지만 성공적일 것으로 보이는 프로그램에 대하여 정보를 제공하기도 하고 협의도 해왔다(역주: 우리나라에서는 강력한 교사단체가 없어 중요한 요소로 작용할지는 미지수이다).

  3. 대체적인 학교풍토: 만일 교사와 행정가들 사이에 원만한 관계가 성립된다면 이러한 장학 프로그램의 성공가능성은 훨씬 높아질 것이다. 심각한 갈등이나 불신이 만연된 풍토에서는 이러한 프로그램이 순조롭게 이루어지기는 어렵다는 연구보고가 있다.

  4. 프로그램을 감시하는 정도: 실현가능성을 타진하는 대부분의 성공적인 연구에서 연구자들은 협동적 프로그램의 지지를 얻고 이 프로그램의 적용을 감시하는 데 결정적인 역할을 하였다. 연구자가 적극적 역할을 하는 동안 첫해에 성공적이었던 이들과 똑같은 프로그램도 다음 해에는 별로 지지를 못 받고 참여도 적었다는 증거도 있다(역주: 이 프로그램의 연구자들이 계속 적극적인 역할을 하며 지켜봐야 성공할 수 있다는 점을 말하려 함).

  5. 이용 가능한 자원: 몇 개의 연구가 매우 제한된 자원을 가지고도 이 협동적 프로그램의 적용가능성을 보여주었지만(특히 Shields의 연구를 보라) 연구자들은 부가적인 자원이 도움이 된다는 점을 지적하고 있다. 특히 시간은 아주 결정적인 요소로서 필요한 기술을 배울 시간, 관찰할 수 있는 시간, 협의할 시간이 필요하다.

  그러므로 일반적으로 이 다섯 요소들이 긍정적일 때 프로그램의 적용은 성공할 수 있다는 것이 연구에 의해 제시되고 있다. 이러한 프로그램의 효과에 대해 밝혀진 것은 무엇인가? 앞에서 살펴본 것처럼 대부분의 연구가 교사의 태도에 관한 참여효과의 연구로 제한되었다. 물론 연구설계와 그 적용방법의 엄격성에 있어서는 크게 다르겠지만 상당히 많은 연구가 실시되어 왔다. 그런데 단지 두 연구에서만(Chalker, 1970; Muir, 1980) 부정적 결과를 보였거나 태도상에 현저한 변화가 없는 것으로 나타났다.

  따라서 제한된 연구에 근거를 두기는 했지만 이 협동적 동료장학 프로그램은 실현가능성이 있고 참여자의 태도에 긍정적 효과를 나타낸다고 결론을 맺어도 무리는 없을 것이다.

선택장학 내에서의 협동적 동료장학

7장에서 보다 자세히 설명되는 것처럼 어떻게 선택장학 프로그램을 적용 실천하느냐 하는 구체적인 선택의 방법은 참여자에게 대부분 개방되어 있다. 그러나 다음과 같은 일반적 접근이 대부분의 학교에서 유용한 것으로 밝혀졌다.

첫째, 이 장학 프로그램을 조직하고 비공식적으로 그 진전상황을 감시(monitoring)하는 책임은 행정직원이나 장학직원의 구성원에게 주어지게 된다. 이 행정직원이나 장학직원은 협동적 동료장학에 관심을 나타내거나 이 협동적 동료장학을 할 수 있다고 생각되는 교사를 만나게 된다. 이미 지적한 바와 같이 이 협동적 개발의 기회는 단지 능력 있고 경험 있는 교사에게만 주어져야 한다. 초임교사와 직무수행에 있어서 단지 주변적인(좀 부족한) 경험을 가진 교사들은 보다 집중적인 임상장학 방법을 필요로 한다.

장학지도자와 이에 참여하는 참여자는 프로그램 운영의 기본 골격을 결정한다. 양자는 협동적 동료장학 프로그램의 범위를 토의함으로써 프로그램 준비를 시작한다. 관찰과 협의(confering)의 두 가지로 제한할 것인가? 아니면 교육과정 개발과, 자료준비, 현직연수 모임, 학급수업의 교체까지도 프로그램에 포함시킬 것인가? 이러한 토의에 바탕을 두고 참여자는 프로그램을 운영할 준비를 마치게 된다. 이들은 적어도 2회 이상의 관찰에 참여하고 각각에 대하여 피드백 협의회를 개최한다. 여기서 2회라는 것은 최저 수준을 말한다. 더 많은 기회를 가질 수 있다면 더 바람직하지만 교사가 2회 이상 관찰을 하고 그 이상의 협의회를 개최할 시간을 얻기란 사실상 어려운 일이다. 참여자들은 관찰과 협의회를 개최할 때 주의해야 할 간단한 보고서만을 제출하는 것에 동의한다. 마지막으로 관찰받을 교사가 의제를 조절하게 되는데 관찰을 받고자 하는 때와 어떤 종류의 관찰이 가장 도움이 될 것이라고 구체적으로 말해 준다. 우리의 경험에 의하면 교사들이 무초점 관찰과 초점 관찰 모두를 해보고 또 둘을 다 경험한다면 이 협동적 동료장학 프로그램을 통해서 교사들은 많은 이익을 얻게 될 것이다.

그리고 나서 자기가 이 프로젝트에서 함께 일하고자 원하는 동료를 결정하기 위하여 각 참여자를 조사한다. 우리의 경험에 의하면 2, 3인으로 팀을 구성하는 것이 가장 좋은 것으로 나타났다. 팀이 조금 큰 경우에는 상호작용이 너무 복잡하게 되는 경향이 있다. 짝을 결정하는 과정을 좀 단순화시키기 위하여 참여자들에게 동료선택의 목록을 제1지망, 제2지망, 제3지망으로 만들어 달라고 요청하게 된다. 여기서 교사자신의 선택에 맡겨두게 되면 교사들은 흔히 좋은 판단을 하게 된다는 것을 주의해야겠다. 경험 있는 교사와 단지 2, 3년의 경험을 가지고 있는 교사가 흔히 짝을 이루게 되는데 이것은 양자가 상대방의 관점에서 많은 것을 배울 수 있기 때문이다. 초등학교에서 6학년 담당교사와 유치원 교사가 학생에 대한 다른 관점을 얻기 위해 짝을 이루는 것도 좋다. 중등학교 수준에서는 과와 과 사이(다른 과와)의 짝짓기가 흔히 있는 일이다.

팀을 구성하는 데 있어서 일정계획은 종종 하나의 중요한 요소이다. 가능하다면 팀 구성원은 주어진 일주일 동안에 한 수업시간의 준비 기간을 보통 수업시간 중에 가져야 하고(서로의 관찰을 토의하기 위하여) 적어도 한 준비기간은 보통의 수업시간이 아닌 중에 가져야 한다(대리수업을 맡기지 않고 서로 방문할 수 있도록 하기 위하여). 이러한 이유 때문에 전학기 말에 선택장학 프로그램의 협동적 동료장학을 조직하는 것은 학기가 시작되기 전의 세심한 행정적인 주의를 요한다. 그래서 학교의 기본계획은 이러한 관찰과 협의회의 필요와 요구를 반영해 줘야 한다.

만일 자원이 가능하고 참여자가 관심을 갖는다면, 교사들에게 협동적 동료장학을 하는 데 필요한 기술을 길러주기 위하여 약간의 훈련연수 기간을 가져야 한다. 협동적 동료장학에 요구되는 바람직한 기술은 다음과 같은 것이 포함된다.

- 무초점 관찰을 하는 방법

- 무초점 관찰로부터 얻은 자료를 분석하는 방법
- 초점 관찰을 하는 방법
- 초점 관찰로부터 얻은 자료를 분석하는 방법
- 초점 관찰 후에 협의하는 방법

만일 시간의 제약을 받는다면 훈련을 위한 연수는 관찰, 분석, 협의라는 세 분야의 일반적인 기술로 제한하여야 할 것이다.

교사들이 "우리는 참여하겠지만 일과 후 시간은 싫다"라고 말하는 학교에서 우리는 단지 한번의 사전교육과 훈련연수로도 협동적 동료장학 프로그램의 적용에 비교적 성공하였었다. 그러나 추가적인 연수를 하는 것이 바람직하다. 부록 B는 이 프로그램의 목표와 구성요소의 윤곽을 제시해 주고 있으며 관찰하는 방법과 협의하는 방법에 대한 제안을 해주고 있다.

이 프로그램에 대한 사전교육과 훈련이 끝난 다음 프로그램은 시작된다. 교사들은 간단한 진전상황보고서를 제출하면서 관찰, 분석, 협의를 한다. 프로그램에 대하여 책임 있는 행정가나 장학사는 제출된 보고서를 검토하고, 참여자와 비공식적으로 협의하여 프로그램이 잘 진행되고 문제가 잘 처리되고 있는지 확인하기만 하면 된다. 중요한 문제가 예상되기도 한다. 의욕적인 교사까지도 관찰과 협의를 계속해서 연기하기도 한다. 약간 주의해야 할 것은 대개 프로그램이 제 궤도에서 반복되기만 하면 충분하다는 점이다.

이것은 너무 많은 약속이나 요구를 필요로 하지 않는 비교적 단순하고 간단한 프로그램이다. 그리고 행동상의 중요한 변화를 가져오지 않지만 전문적 대화의 수준을 높일 수 있으며, 제한된 부분에 관하여 교사에게 피드백을 해주며, 자기의 동료들을 서로 도와주는, 즉 새로운 관점에서의 장학을 가능하게 한다.

4
자기장학

임상장학을 필요로 하지 않거나 원하지 않는 교사에게 제공할 수 있는 두 번째 선택대안은 자기장학이라 이름 붙인 것으로 한 교사가 혼자 독립적으로 자신의 전문적 성장을 위하여 일하는 과정이다. 본 장에서는 (1) 자기장학의 성격을 보다 자세히 설명하고, (2) 현재 운영되고 있는 자기장학의 몇 가지 대안적 형태에 대하여 기술하며, (3) 그 적용에 대한 찬·반 주장을 살펴보고, (4) 이와 관련된 연구를 요약해 보며, (5) 선택장학 체제 프로그램 내에서 어떻게 운영할 것인지에 관하여 자세히 기술하고자 한다.

자기장학의 성격

선택장학 프로그램에서 사용될 때 이 자기장학은 다음 네 가지 특성을 가지고 있는 전문적 성장의 과정이다.

1. 전문적 성장의 프로그램에 의하여 개인이 독립적으로 일한다: 팀의 지도적(leadership)인 구성원이 교사를 위한 자원인사로서 활동하지만 다른 사람이 교사를 위해 전통적인 의미의 장학을 하지도 않고 교사가 팀의 다른 교사와 협동적으로 일하지도 않는다.

2. 개인교사는 목표지향적인 전문적 개선 프로그램(goal-oriented program of professional improvement)을 개발하고 추구한다: 이 프로그램의 목표는 교사 자신의 전문적 필요성에 대한 평가로부터 나온다. 교사의 목표가 반드시 조직의 목표로부터 나올 필요는 없다. 교사 개인의 전문적 성장이 적어도 학교목표를 위해서 간접적으로 기여할 것이라고 가정될 뿐이다.

3. 교사 개인은 이러한 목표를 달성하기 위하여 일하는 데 있어서 다양한 자원에 접근한다: 목표들의 성격에 따라 지도자와 교사는 하나 이상의 다음 자원과 경험이 적절한지를 결정한다. 즉 (1) 교사의 수업을 녹화한 비디오테이프, (2) 학생으로부터 받은 피드백, (3) 전문서적과 컴퓨터에 의한 정보서비스, (4) 대학원 과정과 집중적 워크숍, (5) 학교와 교육구의 장학사와 행정가로부터 받는 지지, (6) 학교 상호간 방문과 같은 자원과 경험이 적절한지 등을 알아봐야 한다.

4. 자기장학 프로그램의 결과를 교사의 업적 평가에 사용하지 않는다: 이 자기장학 프로그램과 평가는 완전히 분리한다. 교육구의 프로그램이 어떻게 되었든지 교사는 평가받지 않는다는 가정이다.

이 네 가지 특성은 자기지향적 전문적 성장과 다른 선택장학의 선택대안과 구별되며 다른 현직 연수교육의 형태와도 구별된다.

자기장학의 여러 형태

관련 문헌을 상세히 고찰해 보면 용어상 모순성을 내포하고 있는 자기장학(self-supervision) 또는 자기지향 전문적 성장(self-directed professional growth)에 관한 언급은 거의 없다(역주: 이 책에서는 원래 후자를 가리키는 것이지만 전자와 동일한 것으로 하여 "자기장학"으로 번역함). 그러나 자기평가 체제(self-appraisal system)와 비디오테이프를 통한 수업의 자기분석(self-analysis of instruction with videotape)이라는 두 가지 비유적 접근에 대한 참조가 있다. 이 접근은 앞서 정의한 자기장학과 어떤 관점에서는 각각 다르지만 이들 비유적 접근을 고찰해 보면 논의 대상이 되는 접근의 강점과 약점에 대한 어떤 관점을 밝혀 주리라 믿는다.

1) 자기평가체제

자기장학은 그 성격상 비평가적이지만 몇 가지 다른 측면에서는 자기평가 체제와 비슷하다. 이 자기평가 체제에 대해서는 전문학술지에서 자주 논의되어 왔다. 거의 모든 자기평가 프로그램이 목적관리(management-by-objective: MBO) 체제를 변경시킨 것이기 때문에 다음의 논의는 자기장학의 특별한 형태에다 초점을 둔다.

어떻게 자기평가 체제가 운영되는가? 개개의 계획에 따라 약간의 변화가 있기는 하지만 일반적으로 어느 정도 유사한 과정을 따르는 것 같다(대표적인 계획에 대하여 좀더 자세히 알고자 하는 사람은 Armstrong, 1973; Lewis, 1973; Redfern, 1980을 보라).

1. 행정가는 당해연도의 교육구의 목표와 학교목표를 설정하고 이것을 장학

직원과 수업관계직원이 알 수 있도록 발표한다.

2. 각 직원은 자체평가(self-evaluation)를 하고 개별 수행목표(individual performance targets)를 설정하는데 이것은 교육구 목표나 학교 목표와 관련될 것으로 기대된다.

3. 각 직원은 수행목표(performance objective)와, 그 목표도달 방법, 필요한 자원, 그 목표도달 정도를 평가할 방법 등을 열거하여 평가계약을 맺는다.

4. 각 직원은 평가계약을 검토하기 위하여, 또 필요하다면 수정하기 위하여 행정가-평가자와 협의를 한다.

5. 직원과 평가자는 진전상황을 확인하기 위하여 정기적으로 협의한다.

6. 직원과 평가자는 수행목표 달성 정도를 평가하고 다음 평가주기를 위한 계획을 세우기 위해 최종 협의회(summative conference)를 개최한다.

이러한 계획이 실제 학교에서 어떻게 운영되는지 가장 잘 평가한 것은 미국 New York의 Hyde Park 교육구의 것인데 여기서는 1972년 이래 MBO체제를 사용해 왔다. 이 프로그램의 강점과 약점을 솔직하게 평가한 것같이 보인 연구에서 Gray와 Burns(1979)는 어느 정도 전망을 가지고 출발한 후에 이제 좀 엇갈린 결과를 가져오고 있다는 결론을 맺었다. 즉 "수년 동안 교사와 행정가들이 설정한 직무목표의 수와 질은 떨어졌다"(p.415)는 것이다. 그들은 Hyde Park의 경험과 이런 계획을 사용한 다른 학교의 경험을 검토하고 나서 다음 몇 가지 요소가 MBO평가체제의 성공을 제한한다고 결론을 내렸다.

- 보통수준의 직무수행에 대한 제약은 없다.
- 교사와 행정가의 비율은 너무 커서 효과적인 평가를 하기 어렵다.
- 교사단체는 제한된 계약을 주장한다.
- 이 프로그램에 합당할 만큼 충분한 직원개발(staff development)이 안 되었다.
- 어떤 행정가들은 직무수행목표를 검토하는 데 지나치게 관대하다.
- 교육구 내에 불신과 의심의 풍토가 흔히 만연되고 있다.

그리고 Iwanicki(1981)는 "MBO지향 접근이 실시된 곳에서 교사들은 행정가들이 정의해 놓은 범위 내에서 목표를 설정하도록 강압을 받거나 조작당한다고 느끼는 경향이 있다"(p.205)는 관찰을 덧붙였다. 이러한 약점을 지각한 반응으로 Iwanicki는 자기 자신의 자기평가 형태를 개발하였다. Iwanicki의 "계약계획(contract plan)"은 자기평가에 보다 많은 강조점을 두고 조직목표의 역할을 최소화한다는 점 이외에는 MBO와 비슷하다. 그러나 이것은 여전히 평가체제임에 틀림없으나 그는 교사의 순위를 정하는 데 사용될 수 없다는 데 주목하였다. 필자의 관점에서 볼 때 자기개선(self-improvement)과 평가를 분리시키는 게 좋을 것 같고, 전문적 성장을 가져오기 위하여 자기지향적, 비평가적 체제를 사용하며, 교사를 평정하기 위해서는 건전한 다른 평가체제를 사용하는 게 좋을 것 같다.

2) 녹화수업의 자기분석

자기장학의 두 번째 형태(version)는 교사의 수업을 녹화한 비디오테이프의 분석을 강조한다. 6장에서 일반적 장학의 자료로서 비디오테이프를 사용하는 것에 대하여 자세히 논의하게 되지만 여기서는 비디오테이프 분석에 주로 의존하는 자기장학 프로그램에 대하여 간단히 기술하는 게 좋을 것 같다. Moritz와 Martin-Reynolds(1980)에 의하면 미국 Ohio주 Maumee 교육구에서 이분장면기법(二分場面技法, split-screen technique)을 주로 사용하는 자기분석과 자기개발 프로그램을 개발하였다. 이 이분장면기법은 교사가 화면의 반을 차지하고 학생들이 나머지 반을 차지하도록 녹화하는 방법이다. Moritz와 Martin-Reynolds가 이 과정을 기술한 것처럼 교사는 동료들에게 마이크로 티칭(micro-teaching; 역주: 4·5명의 학생을 대상으로 5~15분간 한 가지 내용을 가르치는 축소된 수업) 수업을 실시함으로써 시작하여, 단순히 녹화과정에 익숙하게 되도록 하려는 목적으로 교실에서 간단한 녹화 연습을 하게 된다. 그러고 나서 교사는 자기가 녹화하기를 원하는 수업이나 활동을 선택하여 녹화를 한다. 다음에 교사가 비디오테이프를 검토하는데, 첫째, 녹음을 끄고(audio off) 비언어적 행동에만 초점을 맞추어 보고, 두 번째는 화면을 끄고(video off) 언어적 행동에 초점을 두고 본다. 비디오테이프를 시청, 분석한 결과를 토대로 교사는 다음 달부터 개선시키고자 하고 교사개발의 초점이 될 한두 가지 언어적 또는 비언어적 기술을 확인해낸다. 분석이 완전히 끝나면 교사는 비디오테이프와 자기분석의 결과에 대하여 의논하기 위하여 장학사나 행정가와 만나게 된다.

Moritz와 Martin-Reynolds는 녹화(taping)—목표설정(goal setting)—협의(sharing)의 주기는 프로그램의 첫해에는 3~4회 실시하고 다음 해에는 그 빈도를 줄여서 운영할 것을 권고하였다. Ohio 주 교사들을 표집하여 3년 이상 조사한 연구를 인용하면서 이들은 교사들이 프로그램에 대하여 긍정적 감정을 나타내고, "전통적(traditional)" 평가보다 녹화에 의한 자기평가를 더 좋아하며, 행정가와 비디오테이프에 대하여 의논하는 것이 "위협적이 아닌(nonthreatening)" 경험이라고 믿는다는 보고를 하였다.

자기장학에 대한 찬·반 주장

그 형태가 어떻게 되었든지 자기장학은 일반적으로 전문적 성장 모형으로는 인정되지 않았었다. 우리는 여기서 자기장학에 관한 연구로 눈을 돌리기 전에 자기장학에 대한 찬·반 주장에 관하여 살펴보는 게 좋을 것 같다.

자기장학을 주창하는 사람들은 대개 (1) 교사의 개별화 욕구, (2) 성인 학습의 성격, (3) 교수(teaching)의 전문주의라는 세 가지 측면에 기반을 두어 주장한다. 이들은 첫째, 교사들은 매우 독특한 욕구와 학습방식을 가지고 있는 개인(individual)이라는 점을 지적한다. 예를 들면 Bents와 Howey(1981)는 성인으로서의 교사는 상호간, 또 인지적 양 측면에서 각각 다른 발달단계에 놓여 있다는 점에 주목하였다. Santmire(1979)의 연구로부터 도출된 결론으로 Bents와 Howey는 어떤 교사들은 훨씬 기초적인 개념발달 수준에 놓여 있다고 지적하였다. 교사들의 학습 방식도 다음과 같은 특성으로 특징지어진다. 즉 (1) 교사들은 실제지향적이고, (2) 옳고(what is "correct") 그른 것(what is "incorrect")을 알고자 원하며, (3) 권위를 가지고 제공되거나 제약되는 학습을 선호하며, (4) 분명하게 조직되고 체계화된 자기장학 프로그램에 참여하기를 좋아한다는 것이다. 또 다른 교사들은 어느 정도 발달된 개념수준에 있다는 것을 Bents와 Howey는 시사하는데 이 발달된 개념수준에 있는 교사들은 아주 다른 특성을 가진 것으로 특징지어진다. 즉 (1) 이 교사들은 보다 많이 질문하는 경향이 있고, (2) 원리와 문제(issue)에 보다 많은 관심을 나타내며, (3) 때로는 권위에 도전하고자 하며, 강의보다 집단토의와 탐구수업을 좋아한다는 것이다.

두 번째 주장은 성인학습이론이라는 주의에 근거를 두고 있다. 성인학습에 관한 이론과 연구를 종합하여 Knowles(1978)는 성인학습이론의 "초석(foundation stones)"이라고 생각되는 다섯 가지 원리를 제시하고 있는데 이 가운데에 둘은 교사의 전문적 성장을 개별화할 필요성과 직접적으로 관련되는 것이다. 첫째, 성인은 자기지향적(self-directing)이고자 하는 깊은 욕구를 가지고 있으므로 이러한 자기지향을 조장하는 프로그램에 참여할 수 있어야 한다. 둘째, 개인차는 나이가 많아짐에 따라 증대된다. 그러므로 성인학습은 학습의 시간, 장소, 속도의 차에 맞게 최적의 준비가 되어야 한다. 그래서 자기장학 프로그램은 자기지향의 욕구와 성인발달의 차에 보다 더 적합하도록 반응해야 한다.

자기장학에 대한 마지막 주장은 교수의 전문적 성격에 근거를 두고 있다. Armstrong(1973)은 교수가 점점 더 전문화되고 있다는 점을 지적하였다. 즉 교사들은 보조원과, 유사전문가(paraprofessionals), 교생, 자원봉사자들의 일을 지시하는 등 유사관리적 역할(quasi-managerial roles)을 떠맡고, 또 의사결정 과정에서 점점 더 많은 역할을 담당하고 있다. 자기지향 학습을 주장하는 사람들은 전문가로서의 교사는 자신의 업무 수행을 판단할 수 있어야 한다고 믿는다.

그러나 이러한 주장으로도 이 분야의 다른 전문가들을 모두 설득하지는 못하고 있다. 이에 반대하는 사람들은 교사의 개인적 욕구는 집단 상호작용을 통해서 효과적으로 충족될 수 있다는 점에 주목한다. 즉 동료집단과 함께 일하는 교사들은 전문적 성장에 필요한 것은 무엇이나 상호작용을 통해서 얻을 수 있다고 본다. 이들의 말에 의하면 모든 참여자는 서로의 만남을 통해서 개인적 의미를 만들기 때문에 모든 학습은 개별화된다는 것이다. 이들의 두 번째 주장은 사실상 학습에 있어서 이러한 상호작용의 중요성을 강조한다. 최선의 학습은 전문적 대화와 접촉으로부터 얻는 성장인 것이다. 교사는 자극과, 도전, 지지를 받기 위하여 다른 교사와 장학사를 필요로 한다. 끝으로 McNeil과 Popham(1973)의 지적처럼 대부분의 교사는 자율적이고 자기지향적인 학습자가 되지 못하고 있다. 교사들은 자신을 정확하게 평가하고, 개선영역을 확인하며, 개별적 독립연구 프로그램을 수행할 수 있는 능력이 부족하다는 것이다.

그래서 이 주장들은 이론적 배경으로 수렴되어진다. 그러면 경험적 증거는 무엇을 암시하는가?

자기장학에 대한 연구

자기장학 프로그램을 표면적으로(explicitly) 검토한 연구마저도 거의 없기 때문에 이 프로그램의 기반이 되는 가정을 간단히 고찰해 보기로 한

다. 몇몇 이용 가능한 연구에 근거하여 얻은 다음과 같은 잠정적 결론은
어떤 행동을 위한 유용한 지침을 마련해 주리라 본다.

1. 교사는 자기 자신의 교수(teaching)에 대하여 신뢰로운 평가를 할 수
있을 것 같지 않다: Carroll(1981)은 자기평가에 관한 연구를 고찰한 후
"경험적 연구에 의하면 자기평정은 학생이나, 동료, 행정가의 평정과 거의 일
치하지 않는다"(p.181)고 결론을 내렸다. Carroll은 자기평정과 학생의 평
정 사이의 상관관계는 단지 .28인 데 비하여 학생에 의한 평정과 동료의 평
정 사이의 상관관계는 .70이라는 것을 지적한 연구를 인용하고 있다.

2. 교사의 자기 수업행동에 관한 보고는 관찰자의 보고와 일치하지 않는 경
향이다: 자기수업이 어떻게 진행되었는지에 관한 교사의 보고와 그 수업에 참석한
관찰자의 보고를 비교한 연구들을 고찰하고 나서 Hook와 Rosenshine(1979)
은 "사람들은 구체적 행동에 관한 교사의 보고를 특별히 정확한 것으로 받아들
이라는 충고를 받지 않았다. 비방하려는 의도는 아니지만, 교사들은 자기 행
동을 예측하고 나서 실제 수행한 것을 확인하려는 연습을 하지 않았다"(p.10)
고 결론을 내렸다.

3. 비디오테이프를 사용하여 교사에게 피드백하는 것은 제2의 관점을 제시
해 주고 또 교사의 주의에 초점을 맞추기 위해 다른 관찰자가 참석해 있을 때
가장 효과적이다: 비디오에 의한 피드백에 관한 연구에 대하여 고찰한 것을
근거로 Fuller와 Manning(1973)은 문제에 초점을 맞추고 대처하기 위해
관찰자가 있는 것이 매우 바람직하다는 결론을 얻었다.

4. 교사들은 장학이나 강의 지도교수로부터 배울 수 있을 뿐만 아니라 자기
교수적 자료(self-instructional materials)로부터도 배울 수 있다: 몇몇
연구는 성숙한 학습자에 의한 자기교수 자료의 사용을 지지하였다. 장학사 없
이 자기교수 자료를 가지고 마이크로 티칭을 한 학생은 장학사의 도움으로 자
기교수 자료를 사용한 학생과 똑같은 수행을 하였다고 Edwards(1975)는
결론을 맺었다. Keller의 개별화 수업체제(Keller Personalized System of
Instruction; 이 수업체제는 독립적이며 자기 속도대로의 학습을 강조한다)의 사
용을 전통적인 학급수업을 비교한 75개의 연구를 메타-분석(meta-analysis)
하여 Kulik과 Kulik, Cohen(1980)은 이러한 체제를 사용한 대학생들이

공부시간을 늘리지 않고도 높은 시험점수를 받고 또 그 과목에 대하여 높은 평정점수를 주었다는 결론을 얻었다.

5. 개별화 직원개발(individualized staff development) 프로그램은 모든 참여자에게 획일적인 경험을 제공해 주는 프로그램보다 더 교과적인 경향이 있다: 97개의 현직연수(inservice) 프로그램에 관한 Lawrence(1974)의 고찰에서 개별활동(individualized activities)을 포함한 프로그램이 모든 참여자에게 유사한 경험을 제공하는 프로그램보다 목표를 달성할 가능성이 높다는 결론이 나왔다.

그렇다면 두 입장에 다 강점이 있다는 것을 연구들은 시사하는 경향이다. 교사들은 개별 독립학습으로부터 어떤 기술과 정보를 얻을 수 있고 자기들의 활동에 어떤 선택의 기회를 제공해 주는 프로그램을 더 좋아한다. 그러나 만일 교사들이 자기 자신의 지각 이외에 다른 원천으로부터 피드백을 받고 자기들의 학습에 초점을 맞추고 있는 어떤 다른 사람과 함께 일할 수 있다면 교사들의 전문적 성장은 훨씬 더 촉진될 것이다.

선택장학 모형에서의 자기장학

선택장학 모형에서의 자기장학은 전문적 성장을 위한 각 개별화 접근의 함정과 약점을 피하려고 노력하는 동시에 몇몇 접근의 강점에 바탕을 두고 형성하려고 시도하였다.

협동적 동료장학 프로그램에서처럼 이 자기장학에서도 한 명의 행정가나 장학사가 지도성을 발휘해야 할 것으로 기대된다. 副(助)校長이나 교육구 장학사나, 학교 장학사도 또한 필요한 기술을 가지고 있겠지만 특히 교장이 이 역할을 성공적으로 해낼 수 있다는 것을 우리의 탐색연구는 지적하고 있다. 여기서 지정된 지도자는 자기장학이라는 선택장학의 요소에 관심을 갖고 있고 또 이 요소를 선택할 자격이 있는 교사와 접촉한다. 우리의 경

험에 의하면 이 자기장학의 형태는 성숙하고 능력 있는 교사에게 가장 적
합하기 때문에 초임교사와 문제를 가지고 있는 경험 있는 교사에게는 임상
장학이라는 선택장학의 요소가 적용돼야 한다는 것이 시사되고 있다.

　지정된 지도자와 자기장학 해당 교사와의 첫 모임에서 다음과 같은 문제
(issues)를 공개적 토의를 통해서 해결해야 한다.

- 전문적 성장을 위한 교사의 계획은 어느 정도까지 형식화(formal-
  ized)되어야 하나? : 우리의 탐색연구에 의하면 교사들에게 자기장학
  (자기지향 개발)을 위한 비교적 간단한 계획서(proposal)를 만들어
  제출해 달라고 요청할 때 이 자기장학 프로그램은 가장 효과적으로 운
  영된다는 것이 밝혀졌다. 그러므로 이 과정을 너무 관료적인 것같이 보
  이지 않게 하며 약간의 구조(structure)만이 필요한 것이다.
- 자기장학을 위하여 어떤 자원과 자료를 이용할 것인가? : 이용 가능한
  자원의 범위, 즉 필요한 재정적, 시간적 제약을 지적하는 것은 처음부
  터 아주 중요하다. 참가자들은 (1) 비디오테이프, (2) 학생의 피드백,
  (3) 전문서적과 전산처리된 정보자료(computerized information
  sources), (4) 동료의 자문(consultation), (5) 장학사와 행정가
  의 도움(assistance), (6) 교내외의 관찰, (7) 대학원 과정과 특수
  연수, 일반 현직연수 프로그램, (8) 전문학회를 위한 여행과 학술발표
  회 참석과 같은 자원의 활용을 어느 정도까지 할 수 있는지 알 필요
  가 있다.
- 어떤 형태의 감독이 예상되는가? : 이 자기장학은 평가과정을 제외하는
  반면 장학사나 행정가가 감독 확인할 필요가 있다. 이러한 감독의 목
  적으로써 간단한 비공식적 협의회면 충분한데 문제는 최초에 해결되어
  야 한다.

　이제 이 프로그램에 참여하는 각 교사는 자기장학을 위한 계획을 세우는
일이 필요하다. 우리의 경험에 의하면 간단한 계획서로서 충분하다. 교사는
전문적 발달을 위한 한두 가지의 목표를 먼저 특정한 양식으로 나타내야

한다. 측정 가능한 목표를 고집하는 MBO접근의 주창자들과는 아주 대조적으로 목표를 계량화하거나, 측정 가능하게 하거나, 정확히 진술할 수 있을지에 대하여 걱정하지 않고 자신을 위한 목표를 설정하도록 교사를 격려해 주는 것이 보다 유용하다고 믿는다. 훈련받고 경험 있는 교사와 장학사가 내린 판단이 보다 타당하다는 점이 분명히 밝혀진다면 교사와 장학사는 보다 쉽게 목표설정 과정을 채택할 것이라는 점을 McGreal(1983)은 주목하였다.

목표의 형태에 관한 예로써 우리의 탐색연구에 참여한 교사들이 개발한 다음과 같은 것을 살펴보기 바란다.

- 작곡과정에 대하여 더 알게(knowledgeable) 되는 것 — 그리고 자신의 수업에서 과정을 활용하게 하는 것
- 4학년 과학수업에서 비판적 사고(critical thinking)를 가르치는 법을 배우는 것
- 학생들에게 질문할 때 또 학생들의 대답에 반응할 때 보다 더 기술적으로 하게 되는 것
- 학급에서 도덕성 발달에 대하여 더 많이 발견하는 것
- 학생들의 창의성을 자극하는 자료를 개발하는 것

그 다음에 교사들은 진술된 목표를 달성하기 위한 잠정적인 행동계획을 양식(form) 위에 표시한다. 다시 말하지만 이 행동계획을 일반적인 용어로 진술할 수 있다. 이것은 단지 교사들로 하여금 목표달성을 위하여 취할 수 있는 어떤 구체적인 단계를 생각하도록 도와주려는 것이다. 이 계획서의 마지막 구성요소는 필요한 개인적인 인적 자원과 물적 자원을 적어 달라고 교사에게 요청하는 것이다.

그리고 나서 이 자기장학 계획서를 프로그램을 책임지고 있는 지도자에게 제출하고 이 지도자는 각 참여교사와 개별적으로 협의회를 갖는다. 이 협의회의 목적은 단지 (1) 지도자와 교사가 설정된 목표를 분명히 이해하

고 있는지 확실히 하기 위한 것이며, (2) 행동계획에 대하여 아이디어를 교환하고, (3) 투입될 자원에 대하여 합의를 보는 것이다. 여기서는 지도자가 교사에게 다른 목표를 제시하라고 설득하려고 할 것이라는 기대는 있을 수 없다. 자기장학은 전적으로 개인적 목표에 바탕을 두고 있는 것이지 조직의 목표에 근거를 두고 있는 것이 아니기 때문이다.

다음에 교사는 프로그램의 진전상황과 문제점에 대하여 때때로 지도자와 협의를 하면서 자기장학의 계획에 따라 실천하기 시작한다. 교사들은 대부분 혼자 독립적으로 일해 나가지만 지정된 지도자가 자료를 제시해 주고, 아이디어를 교환하며, 문제를 교사에게 제시해 주며, 전 프로그램을 통하여 지지를 해주면서 교사를 위한 자원으로서 적극적인 역할을 할 것으로 기대된다. 자기장학과 관련된 평가는 없기 때문에 행정가나 장학사는 지시적이고 자원적인 동료의 역할을 할 수 있게 된다.

학년 말에 교사와 지도자는 어느 정도 목적을 달성하였는지 검토해 보기 위하여 다시 협의회를 갖는다. 협의회는 주로 교사들로 하여금 무엇을 배웠는지 반성해 보는 시간이다─달성하지 못한 것에 대하여 지나치게 걱정할 필요 없이 지도자는 교사로 하여금 교사의 개인적 전문적 성장을 위한 모든 경험의 의미를 탐색하도록 도와주면서 반성적 청취자의 역할을 한다.

물론 교사들 모두가 이러한 형태를 통해서 성장을 원하는 것은 아니다. 이것은 자율성과 독립성에 높은 가치를 둔다. 그러나 우리의 연구에 의하면 이 자기장학은 임상장학을 대체할 수 있는 가장 의미 있는 대안이 될 수 있다는 확신을 가질 수 있다.

5
전통적 장학

　행정적 감독(administrative monitoring)이란 말은 새로운 용어이지만 옛날부터 실천해 온 것이다(역주: 저자는 새로운 용어로 "행정적 감독"이란 말을 쓰고 있으나 "전통적 장학"과 비슷하기 때문에 여기서는 "장학"이란 용어로 통일하기 위하여 "전통적 장학"이라고 번역한다. 완전히 전통적 장학과 일치되는 것은 아니므로 그 차이점에 주의하기 바란다). 이 책에서는 전통적 장학이란 용어를 교장이나 교감에 의한 잠깐 동안의 비공식적 관찰과 같은 "불시방문장학"이라 부르는 것으로 사용한다. 본 장에서는 이러한 관찰이 어떻게 선택장학(differentiated) 프로그램의 효과적인 한 부분이 될 수 있는지에 대하여 설명하고자 한다.

　우선 전통적 장학과 선택장학의 다른 구성요소, 대안과의 관계를 명백히 하는 게 좋을 것 같다. 그리고 제한된 범위이지만 이에 관한 문헌을 고찰하는 게 유용할 것 같다.

전통적 장학의 성격

선택장학 프로그램에서 전통적 장학은 임상장학에 참여하지 않는 교사들을 위한 하나의 대안(option)이 되거나, 아니면 선택장학의 다른 대안적 요소를 보완해 주는 것으로 하여 모든 교사에게 제공될 수 있다. 필자가 방문한 어떤 학교에서는 실제로 교장이 교사들에게 "만일 여러분이 임상장학을 필요로 하지 않는다면, 그리고 협동적 동료장학이나 자기장학을 원하지 않는다면 여러분은 전통적 장학을 받아야 할 것입니다"라고 말하는 것을 보았다. 다른 학교에서는 "모든 교사는 전통적 장학을 받고, 이에 추가하여 다른 세 대안 중의 하나를 선택해야 한다"고 교장은 말한다. 이 두 가지 형태 모두가 좋은 것 같다. 이 선택의 문제는 학교규모, 행정직의 숫자, 교장의 지도성 유형에 달려 있는 것 같다.

전통적 장학에 관한 연구

전통적 장학은 얼마나 효과적인가? 이에 대한 대답은 약간 모순된 것이다. 첫째, 행정가의 잠깐 동안의 비공식적 방문은 확실히 교사의 행위를 바꾸지는 못할 것이다. 관찰 전에 계획도 서 있지 않고, 관찰자가 행위형태(pattern of behavior)를 기록할 수 있을 만큼 충분히 오랫동안 머물지도 않고, 또 대개 사후 협의회도 따르지 않는다. 이러한 방문은 행위를 변화시키는 데 효과적이지 못하고 어떤 불신태도를 암시하고 있기 때문에 자문자(consultant)와, 장학교수, 또 이 분야의 저자들은 이런 장학의 실천을 거의 고려하지 않고 있다.

그러나 경험 있는 학교 행정가들의 조언과 실천으로 인정되어 온 한 접근이다. 이에 대하여 한 교장은 이렇게 말하고 있다.

> 저는 적어도 매주 한 번은 각 교실을 방문합니다. 그리고 난 전문가들이 뭐라고 말하든 개의치 않습니다. 물론 각각 다른 말을 하고 있는 것을 잘 압니다. 저는 수업에서 진행되고 있는 것에 대한 많은 정보를 얻고 있습니다. 아주 짧은 동안의 방문으로도 문제를 찾는 법을 알게 되었습니다. 저는 교사들이 잘하고 있는 것도 보게 됩니다. 교사도 내가 교실 안에 있기 때문에 학습에 대하여 살펴보고 있다는 것을 알고 있습니다. 학생들도 제가 교장실에 숨어 있지 않다는 것을 알고 있습니다. 모든 사람이 최선을 다하는 것같이 보입니다.

그리고 아마 놀랄지 모르겠지만 경험 있는 교장들은 자신들이 하고 있는 것을 알고 있다는 것을 연구는 암시하고 있다. 효과적인 학교에 관한 연구를 고찰한 몇 개의 논문은(예를 들면 Squires, Huitt, Segars, 1981) 효과적인 학교의 교장은 자주 수업을 감독(monitoring)하고 학교의 일과에 대한 좋은 정보를 갖고 있으며 수업상황에서 많은 시간을 보냄으로써 수업에 대한 관심을 보여주는 고도로 눈에 띄는 지도자라는 것을 보여주고 있다. 결국 이 모든 것은 암암리에 전통적 장학의 사용을 시사하고 있다.

전통적 장학의 특징

1. 전통적 장학은 공개적이어야 한다: 교장은 관찰받는 교사들과 관련된 다음과 같은 중요한 문제(issue)들을 교사들과 공개적으로 토의해야 할 것이다.

- 누가 감독할 것인가? 이 용어가 내포하고 있는 것처럼 장학사가 아니고 학교 행정가가 하는 것이 가장 좋다. 이것은 본질적으로 행정적인 기능이고 그 의도가 단지 장학적인 의도(교사로 하여금 수업을 개선하도록 도와준다는 의미에서)만은 아니기 때문에 교장이나 교감이 실시하는 것이 더 적절하다.

- 감독적 방문의 목적으로 잠깐 들르는 행정가로부터 교사는 대개 어떤 종류의 행동을 기대할 수 있는가? 어떤 교장은 교실을 방문한 것에 대하여 수업 중에 감사하다는 말을 듣고 싶어 하는가 하면, 다른 교장은 교사가 방문자가 온 것에 대한 언급 없이 수업을 계속하는 것을 더 좋아한다. 어떤 교장은 특히 덜 형식화된 초등학교 교실에서 학생들에게 간단히 말하기를 좋아하기도 하는 반면 어떤 다른 교장은 단지 관찰하기만을 바란다. 교사와 행정가 모두가 이런 문제들을 분명히 하기 위하여 토의해야 한다.

- 불시 방문자로부터 교사는 어떤 종류의 피드백을 기대하는가? 비록 잠깐 동안일지라도 관찰받는 사람은 관찰자의 방문에 대하여 어떤 불안감을 갖게 되며, 비록 몇 마디의 논평일지라도 어떤 피드백을 원한다. 그러므로 교장은 교사에게 체계적인 방법으로 피드백을 제공해 줄 것을 권고한다. 그러나 어떤 결정을 내리느냐에 관계없이 이 문제에 대하여 토의가 이루어져야 한다.

- 이런 감독에 대하여 어떤 기록을 유지해야 하는가? 관찰자는 아마 각 방문 때마다 간단한 노트를 해야 할 것이다. 그리고 만일 교사가 노트한 문제에 대하여 걱정한다면 이것을 검토해 볼 수 있다는 점을 확신시켜 줘야 한다.

- 감독적 방문에서 나온 자료를 평가과정의 한 부분으로 쓸 것인가? 이것은 아주 민감한 문제인데 솔직하게 토의할 필요가 있다. 교사의 직무수행에 대한 공식적인 평가는 주로 조심스럽게 구조되고 시행된 관찰에 근거를 두어야 하지만 감독적 방문으로부터 얻은 자료도 어쩔 수 없이 행정가의 판단에 영향을 준다는 사실을 인정해야 한다. 이런 종류의 이야기는 대개 다음과 같이 나타난다.

전통적 장학에서 나는 주로 당일의 교수─학습에 대한 정보를 얻기 위하여 여러분의 교실을 잠깐 방문하게 될 것입니다. 나는 여러분의 교수에 대하여 공식적인 평가를 하지는 않을 것입니다. 공식적 평가는 평가방문 중에 할 것입니다. 그러나 나는 여러분의 수업에 대한 인상을 갖게 되고 방문에 대한 간단한 노트를 할 것입니다. 그리고 만일 잠깐 동안의 방문으로부터 어떤 심각한 문제가 있다는 것을 알게 될 때는 여러분에게 직접 알려 줄 것입니다.

2. 전통적 장학은 임의로 무체계적으로 아무렇게나 이루어지는 것이 아니라 계획적으로 정해진 일정에 의하여 이루어져야 한다: 행정가는 주별 일정표에서 대강의 시간계획을 세움으로써 출발해야 한다. 어느 정도 체계적 관찰을 할 수 있게 하는 감독 일정표를 개발하는 것이 또한 유용하다. 감독과정에 접근하는 방법에는 여러 가지가 있다.

- 많은 효과적인 교장은 학교 일과 중 중요한 시간(at crucial times), 즉 학교 시작시간, 점심시간, 일과가 끝나는 시간에 방문 감독한다.
- 어떤 교장은 학년단위(grade by grade), 즉 일정한 주일에 전 6학년 학급을 방문하는 식으로 감독한다. 그래서 며칠 새에 특정 학년에서 무엇이 진행되고 있는지에 관한 조감적 관점(bird's-eye view)을 갖게 된다.
- 어떤 다른 교장은 과목별로, 예를 들면 일정한 주일에 모든 수학수업을 방문 관찰한다. 이렇게 해서 학교 전체에 걸쳐서 수학수업 학습의 단면을 알게 된다.
- 아직도 어떤 교장들은 연속적인 대조적 순간방문(a series of contrastive snapshots)을 좋아한다. 예를 들면 천재아(the gifted)를 위한 국어수업은 대입 준비학생을 위한 국어수업과 어떻게 다르며, 또 이것은 능력이 좀 부족한 학생들을 위한 국어수업과 어떻게 다른가 대조하여 알아보는 것이다.

만일 전통적 장학방문이 계획적이고 체계적이라면 행정가는 비교적 짧은 시간 내에 그 학교에서 교수-학습에 관한 어느 정도 신뢰로운 모습을 포착할 수 있다. 만일 교장이 45분 동안(교실에서 교실로 옮기는 시간까지

계산하여)에 이러한 방문을 네 번 할 수 있다면 하루에 한 수업시간(45분)을 할당한다 해도 일주일에 20 교실을 방문할 수 있을 것이다—만일 방문을 조심스럽게 계획한다면 대표적인 몇 개의 표집으로.

3. 전통적 장학(행정적 감독)은 학습중심적이어야 한다: 감독적 방문은 잠깐 동안으로 짧기 때문에 학습의 중요한 측면에만 초점을 두는 것이 본질적이다. 교수(teaching)하는 일이 어떻게 그 학습을 촉진 또는 방해했는지 등에 초점을 두어야 한다. 다음과 같은 주요 질문에 집중함으로써 관찰자는 빗나가는 것을 막고 학습중심적으로 초점을 유지할 수 있고 최단시간의 방문을 할 수 있게 된다.

- 교사는 어떤 교수−학습 모델을 적용하려고 시도하는가? 이 수업은 발견학습인가 아니면 탐구학습인가, 또 지시적 수업 제시인가 아니면 창조적 예술적 워크숍인가?
- 몇 명의 학생이 과업에 집중하고(on-task) 또 얼마나 많은 학생이 공부하지 않고(off-task) 있는가? 교사는 놀고 있는 학생들의 행동을 어느 정도 의식하고 이에 대하여 반응하는 것 같은가? 다른 학생과 교사의 어떤 행동이 놀고 있는 학생행위(off-task behavior)를 조장하는 것으로 나타나는가?
- 학생들은 어느 정도 학습목표를 의식하고 또 목적의식을 가지고 참여하는 것같이 보이는가? 학습시간 중 일정한 시점에서 얼마나 많은 학생이 학습에 적극적으로 참여하고 있는 것같이 보이는가? 이러한 학습에의 참여를 교사가 촉진 또는 방해하고 있는 것은 무엇인가?
- 학생들은 자기들의 학습에 대하여 어떤 종류의 피드백을 받고 있는가? 학생들은 진도와 문제점에 대하여 충분히 의식하고 있는가? 이러한 의식을 촉진하기 위하여 교사는 어떻게 하고 있나?

4. 전통적 장학은 두 차원을 통해서 상호 작용할 때 가장 효과적일 것이다: 즉 행정가는 교사에게 피드백을 제공해 주고, 또 교수 프로그램(instructional program)과 학교풍토의 현상에 대한 평가의 부분으로 관찰자료를 사용할

때 가장 효과적이다. 앞에서 살펴본 것처럼 교사들은 긍정적이고 부정적인 두 종류의 피드백을 적절한 것으로 받아들인다. 관찰자는 "나는 선생님이 소집단 토의를 청취한 방법을 좋아해요"와 같은 칭찬으로 효과적인 교사행위를 강화해야 한다. 약간 비효과적이었던 행위에 대하여는 "교실 뒷자리에 앉은 학생들은 주의집중이 잘 안 되는 것 같은 사실에 좀 우려를 했습니다. 선생님은 어떻게 보십니까?"와 같이 의문형식으로 표시하는 게 좋다.

그리고 현명한 행정가라면 당일의 학교분위기를 청취 확인하는 데 관찰을 사용한다.

- 학생들이 수업 중에 주의집중이 안 되고 소란스러운 행동을 하는 특정 시간(하루 중)이 있는가?
- 학생들이 쉽게 빗나가기 쉬운 학교 내의 어떤 특정 장소가 있는가?
- 학년과, 능력수준, 교과목에 따라서 얼마나 지시적 수업이 진행되고 있나?
- 이런 지시적 수업이 과도하게, 불충분하게, 또는 부적절하게 사용되고 있는가?
- 교사들이 비판적 사고와 고등사고 과정에 어느 정도 주의를 기울이고 있는가?
- 교사들은 학생집단에 따라 지도내용과 방법을 얼마나 달리 바꾸는가?

이러한 질문에 대한 대답은 보다 더 체계적인 검토와 분석을 필요로 하는 문제점이 있다는 것을 가리켜 준다.

전통적 장학의 적용

선택적 접근에서 전통적 장학을 어떻게 적용할 것인가? 이에 의한 해답이 어느 정도 이미 암시되긴 하였지만 여기서 보다 더 표면적으로 그 과정을 기술하는 것이 좋을 것 같다.

첫째, 지도자 집단은 누가 감독적 방문을 할 것인가를 결정한다. 앞서 말한 것처럼 이것은 행정가의 책임인데 가장 바람직한 것은 교육청수준의 행정가가 아닌 학교수준의 행정가이다. 지도자 집단은 교수직원(teaching staff)의 도움을 받아 이 전통적 장학을 선택하는 교사들만을 위한 하나의 선택대안으로써 제공할 것인가, 아니면 모든 교사에게 제공하여 이 전통적 장학에 추가하여 다른 형태 중 하나를 선택하게 할 것이냐를 결정해야 한다.

전통적 장학에 책임을 진 행정가는 이것을 하나의 선택대안으로서 선택한 사람이었든지 아니면 모든 교사가 되었든지 참여하게 된 모든 사람과 만나야 하며, 앞서 언급한 모든 문제에 대하여 토의를 하고 또 해결해야 한다. 예를 들면 책임자, 방문자로서의 관찰자의 행동, 피드백 과정의 성격, 보존해야 할 기록, 평가와의 관련성 문제 등을 다루어야 한다. 그 다음에 행정가는 자기만이 사용할 감독 방문 일정표를 개발해야 한다. 이 일정표의 의도는 자세히 밝혀지지 않은 전체적 모습을 얻는 것이기 때문에 아직 이 일정표를 교사에게 알릴 필요는 없다고 본다.

그러고 나서 방문을 시작한다. 행정가는 5~10분 동안 교실에 머무른다. 단지 어떤 교수-학습이 진행되고 있는지 직감하기에 충분한 시간이면 된다. 관찰자는 앞서 언급한 주요 요소, 즉 교수-학습 모형, 과업집중, 과업이탈행위, 목표의식, 목표와의 관련, 학습에 대한 피드백의 성격과 원천 등에 초점을 둔다. 관찰자는 비언어적 신호를 보내든지, 또는 방문할 기회를 줘서 고맙다는 간단한 몇 마디를 남기고 교실을 떠난다.

교실을 떠나자마자 아직 그 수업에 대한 인상이 생생할 때 행정가는 관찰에 관한 간단한 노트를 해놓는 것이 아마 유용할 것이다. 기본 정보(일시, 관찰교사, 수업형태)와 주요 교수-학습 요소에 관한 관찰 노트 등 두 가지 기록을 위하여 4×6 인치 카드가 유용하게 쓰이는 것을 보았다. 〈표 10〉은 이러한 점을 보여주고 있다.

<표 10> 전통적 장학의 관찰 노트

1985. 10. 10. 제2교시   조노래 교사, 6학년 국어과
  ○○의 詩에 관한 소집단토의

  조 교사는 한 집단과 함께 앉아 있다. 약 $\frac{1}{3}$의 다른 집단 학생이 과업이탈 상태인 것 같다.

  조 교사는 이들을 의식하지 못하고 있다.

  내가 살펴본 집단에서는 학생들이 무얼 해야 할지 과제를 분명히 모르고 있는 것 같다. 아무도 그 집단의 리더로 활동하는 것 같지 않다. 각 집단에서 한 학생이 토의를 독점하는 것 같다.

                         교장 왕고조

  행정가는 교사에게 관찰 결과에 대하여 즉각적인 피드백을 주어야 한다. 가능하다면 대면관계에서, 즉 수업시간과 시간 사이, 점심시간, 일과가 끝나자마자 간단한 토의를 통하여 피드백을 해줘야 한다. 만일 이런 구술 피드백이 가능하지 못한다면 간단한 노트로 대신할 수 있다. 상호작용의 형식이야 어찌 되었든 상관할 것 없이 논평에 긍정적인 어떤 것을 발견하려고 항상 노력해야 한다. 그리고 만일 문제점이 있다면 피드백은 아마 단지 하나의 문제 또는 하나의 관심으로 제한해야 할 것이다.

  만일 간단한 협의회가 열린다면 시간의 제약을 받기 때문에 보다 직접적이고 확실한 방법이 요청된다. 〈표 10〉에 기록된 방문이 끝난 다음 교장은 조노래 교사에게 이렇게 말하게 될 것이다.

  오늘 아침 잠깐 들를 수 있도록 해줘서 고마워요. 시에 대하여 토의하는 데 소집단을 이용한 것을 좋게 생각해요. 여러 명의 학생들이 시에 대하여 얘기할 수 있는 기회를 가졌던 것 같은데 이들은 시에 관심이 있었던 것 같아요. 저는 선생님과 같이 앉지 않았던 집단에 대하여 관심을 가졌었는데 몇 집단에서는 토의의 목적을 분명히 알고 있지 못한 것 같았어요. 선생님은 어떻게 생각하셨어요?

간단한 노트도 똑같은 내용을 담게 되는데 항상 하나 정도는 긍정적 논평, 그리고 만일 문제가 있다면 하나 정도의 문제와 우려를 포함하는 게 좋다.

훌륭한 교장은 항상 감독적 방문을 한다. 만일 본 장에서 제시된 지침을 명심한다면 전통적 장학은 보다 더 효과적인 실천이 될 것이다.

6

선택장학을 위한 자원

    지금까지 말한 이러한 모든 장학형태에서 전문가들은 확실히 중심역할을 한다. 즉 임상장학에서는 훈련받은 장학사가 필수적으로 필요하고, 협동적 동료장학에서는 동료가 불가결의 조건이며, 장학사와 교장은 자기장학을 가장 잘 촉진시킬 수 있으며, 전통적 장학에서는 민감한 행정가가 감독 방문해야 한다. 그러나 임상장학, 협동적 동료장학, 자기장학 형태에서 사용될 수 있는 세 개의 다른 특별한 자원, 즉 (1) 학생들의 피드백, (2) 비디오 테이프 분석, (3) 반성적 일지가 있다. 이 각 방법은 전문가들의 도움을 보완해 줄 수 있다.

학생의 피드백

과거 몇 년 동안 교사에 대한 학생들의 평정의 유용에 대하여 많은 논란이 있었다. 이러한 평정의 가치에 대하여 의문을 제기하는 사람들은 대개 다음과 같은 주장을 한다. (1) 학생들은 너무 미성숙하므로 교수를 평가할 수 없고, (2) 몇 년이 지난 후에나 학생들은 필요한 관점과 전망을 가질 수 있으므로 교사를 잘 평가할 수 있을 것이고, (3) 학생들의 평정양식은 신뢰도도 없고 타당도도 없으며, (4) 학생들의 평정체제는 사실상 인기대회에 불과하다는 것이다.

학생들의 평정을 활용할 것을 주장하는 사람들은 대개 자기들 주장을 지지하는 연구에 눈을 돌린다. 그러나 Aleamoni(1981)가 지적한 것처럼 "대개의 연구와 학생평정 양식의 사용은 대학수준에 있었다. 이것을 다른 교육기관 수준과 교육 이외의 기관수준에까지 일반화시킬 수 있느냐는 독자의 분별력에 달려 있다"(p.110). 이런 점에 주의한다면 Aleamoni의 교사에 대한 학생의 평정에 관한 연구의 고찰은 이런 문제를 해결할 수 있는 어떤 잠정적인 경험적 바탕을 제공해 준다. 이러한 연구결과는 매우 유용하다.

1. 학생들은 해마다 일관성 있는 평정을 하는 경향이다. 동일 교과 과목과 수업자에 대한 학생평정 간의 상관관계는 .70~.87의 범위이다.
2. 학생들은 차별적 판단을 하는 것으로 나타났다. 몇 개의 연구에서 학생들은 수업자의 개인적 품성과 그의 전문적 능력을 구별할 수 있었다.
3. 학생의 판단은 시간이 흘러가도 변하는 것 같지 않다. 학교를 졸업한 지 5~10년 되는 졸업생의 평정이 현재 등록하고 있는 학생들의 평정과 일관되게 일치하였다.
4. 잘 개발된 양식과 절차는 신뢰롭고 타당한 결과를 가져오는 경향이었다. 그러나 Aleamoni는 전문가의 도움 없이 학생과 직원이 개발한 대부분의 평정양식은 신뢰롭지 못한 결과를 낳는 경향이 있다는 점에 주의하라고 하고 있다.
5. 학생의 평정이 수업을 개선하는 데 도움이 되는지에 관하여는 결론을 내리

지 못하고 있다. 그러나 비교적 최근의 연구(Aleamoni, 1978; McKeachie, 1979)들은 개인적 자문을 제공해 줄 때 수업자(instructor)는 그들의 평정으로부터 의미 깊은 개선을 하였다는 결론을 얻었다.

대학수준에서의 학생의 평정의 유용성에 관한 이러한 연구결과는 초·중등 수준에서 행한 몇 개의 연구에 의해서도 지지되었다. Shaw(1973)는 초·중등교사에 대한 학생의 평정에 관한 몇 개의 보고서를 검토하고 나서 점점 더 많은 교육구에서 학생의 평가를 사용하고 있다는 점에 주목하였다. 이러한 보고의 검토에 근거를 두고 Shaw는 학생의 평정을 사용하고자 하는 사람들에게 다음과 같은 제안을 하고 있다. (1) 처음부터 이러한 프로그램을 학생들의 자원에 맡겨야 하고, (2) 이 프로그램을 시도하는 데 있어서 강력한 행정적 지도성을 발휘해야 하지만 평정양식과 절차를 개발하는데 교사를 광범하게 참여시키고, (3) 학생의 평정을 공식적 평가체제의 한 부분으로 사용할 것인가에 대하여 처음부터 분명히 해야 한다. Bryan은 교사에 대한 이미지 조사질문지(Teacher Image Questionnaire)를 사용한 교사는 학생반응에서 나온 자기에 대한 프로파일(profiles)을 연구한 후에 자기들의 교수(teaching)를 변경시킨다는 것을 발견하였다. 학생들의 피드백의 사용을 지지하는 다른 연구는 Anderson과 Walberg(1974)의 연구에서도 찾아볼 수 있다. 이들은 학생들이 신뢰로운 학급 학습환경 관찰을 할 수 있다는 것을 몇몇 연구가 밝혀냈으며, 또 이러한 환경의 측정이 학습의 타당한 예언변인이라고 지적하였다는 점에 주목하였다.

초·중등교사에 대한 학생의 평가에 관한 연구는 결론적이지 못하고 또 교사단체가 대부분 이의 필수적 사용을 강력히 반대하고 나서기 때문에 이러한 평정을 어떤 장학 프로그램의 필수적 요소로 만드는 것은 현명하지 못한 것 같다. 그러나 우리의 경험에 의하면 다음 세 가지 조건이 충족된다면 학생들의 피드백을 하나의 자료로서 받아들일 것이라고 판단된다.

첫째, 학생의 피드백의 사용은 선택장학 프로그램에서 하나의 자유선택대안이 되어야 한다. 선택장학 프로그램을 이끄는 책임자는 학생의 피드백에 관한 연구를 교사와 함께 살펴봐야 하고, 이 선택장학 프로그램의 필수적 요소가 아니라 교수개선을 위한 하나의 유용한 자료라는 점에 주의해야 한다. 둘째, 교사들 자신이 그 결과에의 접근을 마음대로 통제할 수 있다는 보장을 받아야 한다. 만일 교사가 학생의 피드백에 대하여 비밀을 유지하기로 결심한다면 동료, 또는 장학사, 행정가와 결과를 공유할 것인지 스스로가 결정하게 해야 한다. 끝으로 학생의 피드백을 공식적인 교사 근무평정에 사용하지 않는다는 것을 분명히 해 줘야 한다.

만일 학생의 피드백을 하나의 자유선택의 자료로 제공해 준다면 이에 참여한 사람은 표준화된 양식을 사용할 것인가 아니면 자기 자신이 개발한 양식을 사용할 것인가 결정하게 된다. 학생의 피드백에서 나온 결과를 교수평가에 사용하지 않을 것이기 때문에 자작양식에 대하여 우려할 필요는 없다.

세 가지 형태의 자작양식을 개발할 수 있다. 하나의 대안은 훌륭한 교수의 핵심적 구성요소에 대하여 묻는 단순한 언어를 사용하는 일반적(general) 양식을 개발하는 것이다. 참여자는 교사의 효과성에 관한 연구를 고찰하고, 평가하고자 하는 기술과 속성을 선택하며, 그 다음엔 전문용어를 사용하지 않고 그 기술을 말로 표현한다. 이러한 양식의 일례를 〈표 11〉로 나타내고 있다.

<표 11> 학생의 피드백 수집을 위한 일반양식

지시문: 여러분의 선생님은 여러분 학급에서의 수업에 대하여 여러분이 어떻게 느끼고 있는지 알고자 합니다. 다음 각 문장을 잘 읽고 여러분의 선생님에게 얼마나 잘 해당되는지 결정하여 각 문장 앞에 있는 네 개 중 하나에서 ○표 하여 주시오. 네 개의 선택지는 다음과 같습니다.

F=아주 틀린다.
f=맞기보다는 틀리는 편이다.
t=틀리기보다는 맞는 편이다.
T=아주 맞는다.

우리 선생은:

FftT 전 수업과정을 통하여 우리를 바쁘게 만든다.

FftT 우리 학급의 질서(discipline)를 잘 잡는 법을 알고 있다.

FftT 아이디어를 분명하게 설명해 준다.

FftT 우리들로 하여금 최선의 노력을 하도록 만든다.

FftT 모든 학생을 공정하게 대하여 편애하지 않는다.

FftT 우리들의 학교 공부를 흥미 있게 만든다.

FftT 우리들이 배울 것으로 생각되는 것을 매일 매일 말해 준다.

FftT 우리들의 시험과 평가를 공정하게 한다.

FftT 우리가 배운 것을 연습할 수 있도록 도와준다.

FftT 항상 학생들에게 친절하다.

두 번째 형태의 자작양식은 구체적 교과목(subject-specific)에 관한 것이다. 특수교과영역의 교사는 자기 학문분야의 교수-학습에 관한 연구를 찾아서 고찰하고 그 분야의 교수에 필요한 중요한 기술에 초점을 두거나 한 측면에 초점을 두어 하나의 양식을 개발한다. 〈표 12〉는 학생으로부터 작문수업(교수)에 대한 학생들의 피드백을 원하는 교사를 위한 보기가 되는 양식을 나타낸 것이다.

<표 12> 학생의 피드백 수집을 위한 특정교과목양식: 작문수업

지시문: 여러분의 국어 선생님은 국어수업에서 작문을 어떻게 가르쳤다고 여러분들이 생각하고 있는지 알고자 합니다. 다음 각 문장을 잘 읽고 여러분의 선생님이 작문에 대하여 어떻게 가르쳤는지에 대하여 얼마나 잘 해당되는지 결정하여 각 문장 앞에 있는 네 개의 선택지 중 하나에 ○표 하시오. 네 개의 선택지는 다음과 같습니다.

F=아주 틀린다.

f=맞기보다는 틀리는 편이다.

t=틀리기보다는 맞는 편이다.

F=아주 맞는다.

우리들의 선생님은:

FftT 우리들의 작문에 대하여 아이디어를 생각할 수 있도록 우리들을 도와준다.

FftT 우리 자신의 제목을 잡을 수 있도록 도와준다.

FftT 학급신문과 잡지를 발행할 수 있도록 도와준다.

FftT 우리의 글짓기를 계획하고 조직하는 방법을 가르쳐 준다.

FftT 우리들이 서로 도움을 주고받을 수 있도록 집단 속에서 일하게 한다.

FftT 우리들의 작문을 잘 다듬을 수 있도록 교정하는 법을 보여준다.

FftT 우리들의 작문을 교정할 수 있는 시간을 준다.

FftT 잘 짓는 데 필요한 기술을 가르쳐 준다.

FftT 우리들의 작문을 공정한 성적을 매긴다.

FftT 우리의 작문 가운데 좋은 것을 보면 칭찬해 준다.

학생의 피드백의 세 번째 형태는 교사에 관한 것이 아니고 학습환경에 초점을 둔다. 이 양식은 초점을 학습환경을 표현한 항목에 대한 학생들의 지각에 대하여 말해 달라고 학생들에게 요청하는 것이다. 예를 들면 "나는 이 수업에서 나의 아이디어를 표현할 기회를 가졌다"와 같은 것이다. 이러한 피드백은 교사에 대한 피드백에 비하여 다음과 같은 세 가지 점에서 특별히 이익이 있다고 McGreal(1983)은 지적하였다. 즉, (1) 이것은 보다 정확하고 일관된 것 같고, (2) 이것은 교사들이 잘 받아들일 것 같고, (3) 이것은 성질상 총괄평가적이 아니고 형성평가적이라는 점이다.

이러한 자작양식이 갖는 가치 중의 하나는 전문적 대화를 자극하고 동기를 유발시킨다는 점이다. 교사들이 효과적인 교수의 질을 토의하고 또 교사가 어떤 측면을 평가하고자 원하는지 결정할 때 관점의 교환을 통하여 가치와 이익을 얻을 수 있다.

비디오테이프 분석

임상장학, 또는 협동적 동료장학, 자기장학 형태를 사용하는 사람들에게 가능한 두 번째 선택적 자원은 교사 자신의 수업을 녹화한 비디오테이프의 분석이다. 학생의 피드백에서처럼 참여교사는 다음과 같은 문제에 대하여 구체적인 보장을 받을 수 있어야 한다. 즉 (1) 교사는 어느 수업을 녹화할 것인지 결정할 수 있어야 하고, (2) 교사는 비디오테이프에 접근하는 것을 통제하고, (3) 이 비디오테이프를 공식적인 교수평가의 한 부분으로 사용하지 않는다는 것을 보장해 줘야 한다.

비디오테이프의 사용에 관한 연구를 고찰하고(이에 관한 종합적인 요약으로 Fuller와 Manning, 1973이 있음), 교사 및 장학사와 함께 비디오테이프를 사용해 본 필자 자신의 경험을 분석해 본 결과에 의하면 다음과 같은 체제가 가장 효과적일 것이라는 시사를 받았다.

1. 수업은 전형적인 보통 수업이어야 하며 특별한 것이어서는 안 된다는 Fuller와 Manning의 제의를 명심하여 녹화할 학급을 교사가 선택한다. 교사와 자문자(consultant: 이 말은 특별한 훈련을 받은 장학사, 또는 행정가, 동료를 가리킨다)는 어떤 교사행동 또는 학생행동에 녹화의 초점을 맞출 것인가 협의한다. 예를 들면 학생대답에 대한 교사의 반응이 적절한 초점이 될 것이라고 결정해도 좋을 것이다. 만일 시간이 있고 또 교수의 이러한 측면(교사의 반응)을 보다 자세히 검토하기 위하여 사용하고자 하는 특정 양식이 유용할 것이라고 판단되면 교사와 자문자가 함께 개발해도 좋을 것이다. 이러한 경우 교사는 각 학생으로부터 나온 대답에 자신이 어떻게 반응하였는지 가리켜 주는 다음과 같은 간단한 부호에 따라 녹화할 학급의 좌석표를 준비해야 할 것이다.

R＝반복된(repeated) 대답
P＝대답에 긍정적으로(positively) 반응

N=대답에 부정적으로(negatively) 반응

S=다른 학생에게(students) 대답을 평가하거나 질문에 답하라고
  요청

U=토의를 진행해 나가는 중 학생들이 한 대답을 활용(use)

I=대답에 무반응이거나 무시(ignore)하는 것 같음

2. 녹화하는 기술적 측면에 영향을 줄지도 모르기 때문에 녹화의 전문적 초점에 대하여 간단한 설명을 들은 훈련받은 학생이나 기술자에게 녹화를 맡긴다.

3. 먼저 교사 혼자서 녹화된 것을 본다. 만일 검토할 교수기술을 고려하여 어떤 양식을 개발하였으면 교사는 혼자 보는 동안 독립적으로 이 양식을 사용한다. 만일 개발된 양식이 없으면 교사는 단지 발견된 행동에만 초점을 맞추도록 한다. 이 시점에서 교사는 자문자와 비디오테이프를 같이 보지 않도록 결정해야 할 것이다. 교사는 이러한 결정(자문자에게 보여주지 않는 결정)에 대하여 이유를 제시할 필요가 없다는 보장을 받는다.

4. 만일 교사와 자문자가 비디오테이프를 같이 보기로(share) 결정한다면 옆에 있는 교사 때문에 자문자가 아무런 영향을 받지 않고 체계적이고 객관적으로 분석할 수 있도록 하기 위하여 자문자 혼자서 비디오테이프를 볼 수 있는 기회를 가져야 한다. 걱정하고 있는 교사가 곁에 있는 한 비디오테이프를 올바르게 분석하기는 어려운 것이다.

5. 이제 교사와 자문자가 함께 비디오테이프를 볼 수 있도록 약속이 정해져야 한다. 다시 말하지만 둘이서 검토하기로 동의한 특별한 행동에만 초점을 둔다─특별한 양식을 사용하든지 아니면 단지 그 행동만 아주 세밀하게 살펴봄으로써 자문자는 아주 중요한 역할을 한다. 자문자는 교사의 느낌을 이해하고 교사의 감정에 주의를 환기시키면서 지시적이고 감정이입적이어야 한다. 자문자는 또한 교사의 지각과 자문자의 관찰 사이에 생기기 쉬운 차이에 주의를 기울이면서 문제에 대처할 준비가 되어 있어야 한다. 자문자는 너무나 사소해서 주의할 필요가 없거나 너무나 위협적이어서 다루기 힘든 것은 회피하면서 중간 정도의 의견 차에 주의를 기울여야 한다는 Fuller와 Manning의 제안이 있는데 이 제안은 아주 현명한 것 같다.

학교에서의 탐색연구를 통해서 얻은 우리의 경험에 의하면 처음에는 자기 학급을 녹화하기 싫어하던 교사가 유능한 자문자의 지지와 충고를 받고 나서는 녹화 분석하는 것이 매우 가치 있는 경험이었다고 말하는 것이었다.

반성적 일지

반성적 일지는 장학과정 동안에 있었던 교사의 경험과 감정, 반응에 관한 개인적 기록(personal record)과 보고(account)를 말한다. 이 반성적 일지(reflective journal)는 임상장학이나 협동적 동료장학 접근을 경험하는 교사들이 성공적으로 사용할 수 있는 것이기도 하지만 그 자체가 자기장학 형태로 자기개발을 위해 일하는 교사들에게 중요한 가치를 가지고 있다.

사람의 경험에 대한 기록과 반성의 수단으로서 개인적 일지는 물론 오랜 역사와 영광의 역사를 가지고 있다. 작가 Henry Thoreau와 Thomas Merton과 같은 신비주의자는 이 가치를 입증하였고, 많은 국어교사들이 학생들에게 이 일기를 쓸 것을 주장해 왔다. 그러나 겨우 최근에서야 교사들로 하여금 그들의 전문적 경험에 대하여 반성하고 또 전문적 경험으로부터 성장하도록 도와주는 방법으로 교사들이 이 일지를 체계적으로 이용하기 시작하였다. 필자의 판단에 의한 한 Yinger와 Clark(1981)는 직원개발을 위한 자료로서 일지의 사용에 대하여 증거를 제시하여 설명한 최초의 사람이라고 본다. 이들은 일지가 교사로 하여금 반성과 분석을 하도록 촉진시켜 주는 유용한 수단이라고 보고하고 있다. 그러나 장학에 있어서 다른 전문가들은 교사성장을 촉진시키는 하나의 수단으로서 이 일지를 변화시킨 다양한 형태를 사용해 왔다. Ryan(1981)은 교사들의 개인적 이야기를 훈련된 이야기 수집가나 아니면 체계적 경청자에게 말하도록 교사를 고무·격려해야 한다는 시사를 하고 있다. 그리고 Perrone(1977)은 프로그램 평가의 수단으로 또 교사를 전문적으로 성장하도록 도와주기 위한 수단으로 교사의 회상(recollection)을 이용할 것을 제안하고 있다.

일지를 학생과 교사 양자에게 사용해 본 필자 자신의 경험에 의하면 계속적인 일지로 어떤 이점을 갖지 못하는 두 종류의 성격형태가 있는 것으로 지적되었다. (1) 표면적 삶에 만족하며 사는 무반생적(無反省的, unreflective)인 사람-이들은 경험의 심층을 의식하지 못하는 것 같다. 그리고 (2) 자신의 개인적 생활과 전문적 생활의 측면에 대하여 심히 혼란을 갖고 우려하는 당황하는(troubled) 사람들-이들은 자신의 중심위치에서 발견되는 것에 대하여 두려움을 갖는다. 일지를 계속하도록 요구하면 이 무반성자와 당황자들은 모두 만난 사람, 지킨 약속, 끝마친 사소한 일과 같은 사소한 일기로 이 일지를 바꾸는 것이다.

이러한 이유 때문에 임상장학이나, 협동적 동료장학, 자기장학의 형태를 경험하는 교사들에게는 이 반성적 일지를 필수적 요구로 하지 말고 하나의 자유선택 대안이 되어야 한다. 일지를 쓰기로 결정한 사람들은 이것을 다른 사람과 공유할 것인지에 대하여 결정하는 권한을 갖는다. 그리고 이에 대하여 자기가 원하는 대로 할 수 있다는 것을 보장해 줘야 한다. 어떤 사람에게는 이 일지가 주로 자신들의 전문적 경험과 그 경험에 대한 자신들의 반응을 자세히 기록한 것이 된다. 즉 협의회와 훈련시간에 대한 자신의 반응, 다음 주에 가르칠 과, 또는 다음 달에 가르칠 단원에 대한 아이디어, 장학의 상호작용에 대한 자신들의 감정 등이 될 것이다.

다른 사람들에게는 이 일지가 자신들의 개인적 생활과 전문적 생활의 의미를 보다 더 깊이 탐구할 수 있도록 해주는 하나의 기회를 제공해 줄 것이다. 이러한 교사들에게는 다음과 같은 간단한 형태가 도움이 될 것이다.

초점(焦點, focus): 되돌아 볼 때 여러분에게 중요한 것같이 보이는 것으로 오늘에 있었던 하나의 사건(encounter)에 대하여 생각하시오. 그 시간과 장소를 일지에 쓰시오.

회상(recall): 무엇을 완성했고, 무슨 말을 듣고, 그때에 무엇을 느꼈는지 경험을 자세히 회상해 보시오. 경험을 재생(recreat)해서 다시 되새겨(re-live) 보시오. 기억할 수 있는 것을 모두 자세히 쓰시오.

반성: 경험한 것이 여러분에게 이제 어떤 의미를 주는지 반성해 보시오. 여러분의 가치, 문화, 교수, 세상에 존재하는 방식에 대하여 보다 분명히 이해하는 것은 무엇입니까? 이러한 이해에 대하여 쓰시오.

물론 여기서의 목적은 Maxine Greene(1973)이 "비판적 주의 집중적으로 존재하는 성향"이라 부른 것을 개발하는 것이다. Greene의 말은 너무나 여기에 잘 맞아서 좀 길지만 인용할 만한 가치가 있다.

> 그러므로 교사는 매일같이 자기에게 부닥치는 것을 탐색하고 이해하려고 해야 한다. 즉 매체의 전달내용, 복잡한 거리의 충격, 쇼핑센터와 정부기관, 학교의 분위기, 자기 집의 사생활 등. 만일 교사가 매일 지각한 어떤 것을 스스로 기록할 수 있다면 그렇게 좋을 수가 없다. 교사도 자기 학생들처럼 다른 사람들이 공중이 되는 세계에서 다른 사람과 함께 대부분의 시간을 살지 않을 수 없다. 때때로 교사는 비판적인 주의를 기울여야 하고, 의식적으로 적당한 것, 또는 버려야 할 것을 선택하지 않으면 안 된다. 자연적 태도(natural attitude) - 매일의 생활에 주어진 상식 - 에의 의지는 표면적으로 나타나지 않는다. 어떤 경우는 매일의 생활이 문제투성이어서 의문이 제기되지 않을 수 없다(p.11).

매일의 생활이 문제해결적 교수이므로 비판적 주의성의 성향을 개발하는 과정에서 이것들은 모두 반성적 일지의 목적이다.

7

선택장학체제의 시행

장학의 선택적 체제는 교사들에게 선택의 기회를 주려는 의도뿐만 아니라 학교나 교육구에게 선택의 기회를 주기 위해 설계된 것이다. 본 장에서는 탐색적 연구학교에서 잘 수용되었던 의사결정과 행정과정을 근거로 하여 어떻게 이를 선택대안으로 만들고 적용하는지에 대하여 설명하고자 한다. 물론 이 선택장학 프로그램의 사용에 관심 있는 각 교육청이나 학교는 자기 지역의 실정에 맞게 이러한 과정을 변경시켜야 할 것이다.

지침의 확립

장학의 각 구성원인 교사로 하여금 이 책자를 읽을 수 있는 기회를 갖게 하거나, 적어도 필수적인 정보에 대하여 알 수 있는 기회를 가질 수 있게 한 후 지도자 집단은 함께 회의를 해야 한다. 이 회의는 장학체제를 시행할 학년도에 앞서 11월이나 12월에 이루어지는 것이 이상적인데 그 이유는 필요한 예산과 일정을 위한 충분한 시간을 갖기 위해서이다(역주: 미국의 새 학기는 대개 9월에 시작되는데 적어도 학기시작 10~11개월 전에 이런 회의를 갖는다). 지도자 집단이 지역조건을 평가한 결과에 근거하여 집단 구성원들은 다음과 같은 질문에 해답을 구하면서 체제를 운영하는 광범한 지침을 결정해야 한다.

1. 만일 교육구 수준에서 결정되었다면 어떤 학교들이 이 프로그램에 포함될 것인가?

2. 누가(어떤 개인이) 이 프로그램의 행정에 주로 책임을 가질 것인가?

3. 어느 정도, 어떤 방식으로 교사단체(teacher's association)의 자문을 받을 것인가? 만일 자문을 받는다면 어떤 계약조항이 체제운영에 영향을 줄 것인가?

4. 어떤 자원이 이용 가능한가? 이 프로그램을 지원하기 위하여 어떤 방식으로 어느 정도 자금과 시간을 제공할 것인가?

5. 프로그램 운영방식을 다루는 데에 어떤 구체적인 제약이 있는가? 교사에게 주어질 선택대안(options)을 제한하는 교육청의 방침이나 학교방침이 있는가?

정보와 투입

만일 이 프로그램의 기본지침이 교육구 수준에서 결정되었다면 다음의 사결정 과정은 이제 학교수준으로 내려가는 것이다. 원래의 의도가 이 프로그램을 학교에 기반을 둔 프로젝트가 되도록 하는 것이기 때문에 학교행정가와 교사가 소유의식을 느낄 수 있어야 한다. 이 프로젝트에 참여하는 각 학교는 행정가, 장학사, 교사로 구성되는 프로젝트 특별전문 위원회(project task force)를 설치해야 하는데 이 특별전문 위원회는 5~6명 정도가 가장 좋을 것이다. 이 특별전문 위원회는 프로젝트의 기획, 시행, 평가의 책임을 진다. 이 특별전문 위원회 구성원은 (1) 이 책 혹은 중요한 정보만 담은 어떤 요약물을 읽어야 하고, (2) 지도자 집단이 이미 설정해 놓은 제약조건이 무엇인가 검토하고, (3) 그러고 나서 일정표의 기획과 시행을 구체적으로 개발해야 한다.

이때 특별전문 위원회는 직원들을 위해서 정보(情報, information)와 투입(投入, input)회의를 개최해야 한다. 이 프로젝트의 주 책임지도자는 (1) 특별전문 위원회 구성원을 소개하고, (2) 특별전문 위원회의 기능을 설명하며, (3) 프로젝트의 일반목적을 상세화하고, 선택장학의 근본이유(rationale)를 살펴보며, (4) 이미 설정된 지침을 명백히 한다. 그리고 특별전문 위원회 구성원들이 선택장학에 자신들의 접근을 개발하는 데 적극적으로 참여할 것이라는 점을 강조하는 것도 이 시기에 아주 핵심문제가 된다. 이 마지막에 대하여 보다 자세히 설명하고 강조할 필요가 있다. 저자는 선택장학의 독단적인 하나의 모형만을 고집하고 싶지 않고 단지 각 학교가 좀 순수한 형태로 적용하기를 바란다. 필자는 어떤 건전한 연구에 바탕을 두고 실제를 통하여 검증된 선택대안과 아이디어만을 제공할 따름이다. 필자가 바라는 것은 각 학교가 자기 학교의 선택장학 체제를 개발하여 직원들의 특별한 통찰을 반영하고 그들의 특별한 욕구에 반응해 주는 것이다.

따라서 프로그램 지도자는 직원들에게 적용 가능한 장학의 형태에 관한 어떤 기본정보를 제공해 줘야 하고, 또 이 체제가 당해 학교에서 어떻게 운영될 것인가에 대한 광범한 윤곽을 개괄해 주어야 한다. 이러한 기본적 문제에 대하여 혼란이 없도록 교사의 선택과 관련된 제한점에 대하여 분명히 하는 것도 이 시점에서 근본적으로 필요한 것이다. 여기서 두 가지 문제를 아마 강조해야 할 것이다. 첫째, 모든 교사가 어떤 형태로든 장학을 받게 된다. "무장학(no supervision)"이란 선택대안은 없다. 둘째, 어떤 교사가 임상장학을 받을 것인가에 대한 최종결정에서 교장은 거부권(veto power)을 갖는다. 6장에서 말한 바와 같이 협동적 동료장학과 자기장학 형태는 능력 있고 경험 있는 교사에게만 적용될 수 있도록 하여야 한다고 연구들은 시사한다. 그러나 경험 있고 능력 있는 많은 교사들이 단지 임상장학이 제공하는 전문적 성장에 높은 가치를 부여하기 때문에 임상장학을 선택하는 것이라고 직원들에게 강조하는 것이 중요하다. 이렇게 하면 임상장학을 받는 사람들의 자존심이 덜 상하게 된다.

지도자는 한두 페이지로 된 문답식 요약물을 배부하는 게 좋다. 이렇게 하면 있을 수 있는 오해를 깨끗이 밝혀 줄 수 있고 또 회의에 불참한 직원을 위해서 요약물 형식(capsule form)으로 기본적 정보를 제공해 줄 수 있다. 이 책에서는 선택장학의 각 형태의 문답식 요약의 보기를 네 개의 부록으로 하여 제시하고 있다. 학교가 이 부록을 수정하여 사용해도 좋을 것이다.

프로그램 계획

일반적인 매개변인들을 명백하게 해주고 기본적 정보를 제공해 준 다음에는 직원들이 소집단을 이루어 회합을 갖게 되는데 이때 특별전문 위원회의 한 명이 각 집단을 이끌도록 배정하면 좋다. 이 소집단 토의는 교사들로 하여금 질문을 제기하고 서로 아이디어를 나눌 수 있도록 구조화되어야 한다. 이것은 어떤 결정을 하는 시간이 아니다. 소집단의 리더는 소집단에서 제기된 질문에 응답하고 의사결정 과정의 다음 단계를 설명해 줌으로써 이 최초의 회합을 끝내게 된다.

2~3주일이 경과하는 동안 이 선택장학에 대하여 좀 더 깊이 토의하고 학년회의 또는 과회의에서 탐구하게 되는데 이때 각 회의에서 특별전문 위원회의 위원들은 질문에 답하고, 제안을 기록하며, 프로그램에 대한 교사의 지각을 조사한다. 우리의 경험에 의하면 이 단계는 서둘러서는 안 된다. 왜냐하면 되겠는데 교사들은 정보를 소화하고, 개방적 풍토에서 아이디어를 교환하고, 어떻게 이 장학체제를 운영하기를 원하는지에 대한 잠정적인 결정을 하는 데 시간을 요하기 때문이다.

이제 위원회는 당해 학교에서 장학 프로그램의 시행에 관한 구체적 결정을 하기 위해 재소집된다. 〈표 13〉은 이 선택장학 체제를 운영하기 전에 해답해야 할 중요한 질문들을 열거한 것이다. 장학의 선택대안을 제공하는 문제에 대하여 여기서 좀 더 자세히 살펴볼 필요가 있다. 선택장학 체제의 근본적 원리는 각 학교가 얼마나 광범하게 몇 개의 장학형태를 적용하고자 원하느냐를 결정하는 것이다. 이 문제를 해결하는 데 기본적으로 다음과 같은 네 가지 대안이 있다.

- 임상장학과 함께 전통적 장학만을 사용한다. 이것은 이미 본질적으로 존재하고 있던 것을 공식화하고 개선하는 결정이 될 것이다.
- 전통적 장학과, 임상장학, 협동적 동료장학을 사용한다.
- 전통적 장학과, 임상장학, 자기장학을 사용한다.
- 네 가지 형태를 모두 사용한다.

이 네 가지 형태(patterns)는 탐색연구학교 가운데 몇몇 학교에서 선택하여 사용했던 것인데 이들은 나름대로 성공적이었다.

<표 13> 적용상의 문제

일반적인 선택장학에 대하여:

1. 이 프로젝트의 행정적 책임자는 누구인가?
2. 어떤 자원이 이용 가능한가?
3. 어떤 선택대안들을 교사에게 제공할 것인가? 하나의 형태로 제안할 것인가? 아니면 두 형태에 포함되도록 선택해도 좋게 할 것인가? 프로그램이 진행된 후에 교사들이 마음을 바꾸고자 해도 허락할 것인가?
4. 어떻게 이 프로젝트를 감독 확인하고 평가할 것인가?

임상장학 형태에 대하여:

1. 어떤 교사들로 하여금 임상장학을 필수적으로 받도록 할 것인가?
2. 누가 임상장학을 제공할 것인가?
3. 임상장학에 활용할 어떤 특별한 접근이 있는가?
4. 관찰과 협의회의 회수에 반드시 필요한 요구상황이 있는가?
5. 장학방문에서 얻은 자료를 공식적 교사평가 프로그램으로 사용할 것인가?

협동적 동료장학에 대하여:

1. 학년 내 또는 교과분야 내에서 협동적 팀을 구성하도록 교사들을 격려할 것인가? 아니면 이 문제에 대하여 자유선택으로 맡겨둘 것인가?
2. 협동적 팀의 크기를 얼마로 할 것인가?
3. 각 팀의 최소한의 기대는 무엇인가? 몇 회의 관찰과 협의회가 필요한가? 다른 어떤 협동적 활동을 기대하는가?
4. 누가 협동적 동료장학의 진전상황을 확인 감독할 것인가?
5. 어떻게 관찰과 피드백을 위한 시간을 제공할 것인가?

자기장학에 대하여:

1. 이 형태를 선택하는 교사를 위하여 누가 주요 자원인사로서 봉사할 것인가?
2. 목표설정과 자기평가 과정을 어느 정도까지 형식화할 것인가?
3. 개최할 협의회의 회수에 대한 최소 기대수준은 얼마인가?
4. 어떤 특별한 자원이 이 장학형태를 위해 이용 가능한가?
5. 누가 이 장학형태를 확인 감독할 것인가?

전통적 장학에 대하여:
1. 누가 전통적 장학을 실시할 것인가?
2. 이 전통적 장학을 모든 교사에게 필수적으로 요구할 것인가? 아니면 선택 대안의 하나로 제공할 것인가?
3. 이 전통적 장학에서 나온 자료를 어떻게 교사와 나누어 공유할 것인가?
4. 이 전통적 장학의 자료를 교사평가에 어떻게 활용할 것인가?
5. 전통적 장학의 감독적 방문의 길이와 빈도의 최저 기대수준이 있는가?

어느 학교에서는 교사들이 한 해에 두 장학형태에 참여하도록 허락되었다는 점을 주목해야 한다. 처음으로 이 선택장학 체제를 개발할 때 필자는 모든 교사가 단지 하나의 형태만을 선택할 것으로 가정하였다. 그러나 여러 탐색연구학교에서 "왜 하나의 선택만으로 제한합니까? 우리 몇 사람은 임상 장학과 협동적 동료장학, 또는 협동적 동료장학과 자기장학을 동시에 선택하고 싶습니다"라고 말하는 것이었다. 교사들이 같은 해에 하나 이상의 장학형태에 동시에 참여하도록 허락하게 되면 아마 프로그램의 행정적 복잡성은 증대될 것이다. 그러나 만약 교사들이 원한다면 이러한 선택기회를 제공해 주는 것이 타당할 것이다.

이러한 구체적 질문에 대한 대답이 모두 완결되면 어떻게 해당학교에서 이 프로그램을 운영할 것인지 자세히 설명하고, 또 프로그램을 좀 더 정교하게 하기 위한 교사들의 제안을 유도하기 위하여 위원회는 두 번째의 직원회의(faculty meeting)를 소집하여야 한다. 만일 전 회의에서 나온 직원들의 제안과 선호를 적절히 반영하여 결정이 이루어졌다면 이 두 번째 회의에서는 중요한 변화가 제시되지는 않을 것이지만 그래도 수정 변경할 수 있는 기회를 한 번 더 주어야 한다.

이제 교사들은 자기들이 선호하는 것이 무엇인지에 대하여 조사할 차례가 되었다. 간단한 양식을 사용하는데 이 양식에다 기본적인 제한점(모든 사람은 다 장학을 받는다. 교장은 거부권을 가진다)을 재진술하고 선택대안들을 열거한다. 결과를 검토하고 나서 교장은 거부해야 할 어떤 대안이 있는지 결정해야 한다. 필자는 선택이 잘못된(unwise) 것 같은 교사와는 개별적으로 협의를 하고, 또 "선생님이 좀 집중적인 임상장학의 혜택을 받는다면 선생님도 학교도 이익이 될 거라고 생각하는데요"와 같이 좀 직접적으로 말하는 것이 효과적이라고 교장들에게 제안하였었다. 여기서 어떤 교장은 매우 신축성 있는 태도를 보였는데 교사들에게 한 학기가 끝난 다음 결정을 검토해 볼 것이라고 말하는 것이었다.

시행과 평가

선택장학 프로그램을 진행할 때 책임자는 각 장학형태를 감독 확인한다. 프로그램이 몇 주일 진행된 후에 몇몇 교사는 다른 형태의 장학으로 바꿀 수 있는지 물어오기도 할 것이다. 우리의 탐색 연구경험에 의하면 이런 때 제일 좋은 대답은 적어도 2개월 동안은 처음 선택한 대로 유지하라고 교사들을 격려하는 것이다. 그리고 나서 2개월이 지난 다음에도 계속 바꾸고자 한다면 단 한 번에 한하여 바꾸도록 허락하는 것이다. 이렇게 하는 것은 "불변(no changes)"이라고 말하는 비융통성(inflexibly)과 1년에 두세 번 교사의 마음을 바꾸도록 하는 허용성(permissively) 간의 중간입장이라고 볼 수 있다.

두 번의 총괄평가 과정을 제의한다. 첫째, 정해진 형태에 참여한 모든 교사가 특정 장학형태의 강점과 약점을 공개적으로 토의하기 위하여 함께 회의를 갖는다. 물론 소집단의 지도자는 반응을 기록하고 프로젝트 위원회에 이 반응을 보고하는 책임을 지게 된다. 둘째, 〈표 14〉에 제시된 것과 유사한 양식을 사용하여 전 직원을 대상으로 조사하는 것이다.

<표 14> 선택장학체제의 평가양식

지시문: 우리 학교에서 사용하는 선택장학 체제에 대한 선생님의 솔직한 반응을 원합니다. 아래 질문에 대답해 주시면 고맙겠습니다.

1. 선생님은 어떤 장학형태에 참여했습니까?

2. 이 장학형태의 경험으로 선생님은 개인적으로 어느 정도 도움을 얻었습니까?(하나에만 ∨표)

   −매우 많이
   −약간
   −불확실
   −단지 조금
   −전연 도움을 못 받았다.

3. 선생님은 이 선택장학 체제에서 일반적으로 선생님들이(faculty) 어느 정도 이익을 얻으리라 믿습니까?(하나에만 ∨표)

   −매우 많이
   −약간
   −불확실
   −단지 조금
   −전연 도움을 못 받는다.

4. 이 선택장학 체제의 주요 강점은 무엇이었다고 생각하십니까?

____

____

5. 이 선택장학 체제가 어떻게 개선될 수 있을 거라고 생각하십니까?

____

____

____

위원회는 소집단 토의의 결과와 다음 해에 개선해야 할 점에 관한 조사의 결과를 검토해야 한다. 우리가 연구 실시했던 학교에서는 이 점에서 세 가지 다른 선택방법을 사용하였었다. (1) 한 학교에서는 이 장학체제가 아주 나쁘게 되어(주로 행정가와 직원 간의 갈등 때문에) 모든 프로그램이 전적으로 방치되었다. (2) 어느 학교에서는 행정가와 직원이 매 3∼4년마다 선택장학 체제를 사용하기로 근본적인 결정을 보았는데 그 중간에 끼인 해에는 임상장학과 전통적 장학의 기본적인 결합방법을 사용하였다. 어떤 행정가는 이렇게 써놓고 있다: "선택장학은 잘 운영되었어요. 이것은 우리에게 활력을 불어넣어 주었어요. 그러나 시간과 노력이 너무 필요했어요. 우리는 몇 년 동안 멀리 치워 두었다가 다시 새롭게 시도했어요-교사들이 싫증내지 않도록", (3) 그리고 어느 학교에서는 이 선택장학 체제가 너무나 잘 운영되어 수업개선을 위한 학교의 접근법의 영속적인 한 부분이 되었다.

그러므로 선택장학 체제는 모든 수업상의 병을 치료하는 만병통치약은 아니다. 이 체제가 모든 학교에서 잘 운영될 수도 없다. 그러나 행정가와, 장학사, 교사의 적극적인 지원과 협동이 이루어진다면 전문적 성장의 새로운 형태에 대하여 이미 준비가 되어 있는 사람들에게 이 선택장학 체제는 독특한 새로운 의미를 제공해 줄 것으로 믿는다.

부록 A. 임상장학 개관

문1. 임상장학이란?

답. 교사로 하여금 전문적으로 성장할 수 있도록 도와주기 위하여 교사를 장학하는 체계적이고 치밀하게 계획된 하나의 프로그램이다. 전형적으로 임상장학 과정은 (1) 관찰전 협의회, (2) 관찰, (3) 관찰자료 분석, (4) 피드백 협의회, (5) 주기의 평가 등으로 구체화된다.

문2. 이러한 주기가 몇 회 정도 필요하다고 생각되는가?

답. 이 대답은 교사의 필요에 따라 다르다. 이 문제에 대하여 정확하게 연구되지는 않았지만 경험에 의하면 주요 개선에 효과적이기 위해서는 최소 다섯 주기가 요구된다.

문3. 어떤 교사들이 임상장학으로부터 효과를 볼 수 있나?

답. 모든 교사가 자기의 직업경력 중에 정기적인 임상장학으로부터 효과를 볼 수 있다. 그러나 초임교사와 수업에 특별한 문제점을 경험하고 있는 교사에게 가장 필요하다.

문4. 누가 임상장학을 제공할 수 있나?

답. 임상장학의 계획, 관찰, 분석, 협의회, 평가의 기술 등을 획득하기 위해 훈련을 받고 경험을 한 사람이 제공하는 것이 가장 좋다. 이에 해당하는 사람은 행정가, 장학사, 특별한 책임과 훈련을 가지고 있는 경험 있는 교사가 될 것이다.

문5. 한 학교의 모든 교사가 임상장학을 받아야 하나?

답. 앞에서 지적한 것처럼 모든 교사가 집중적인 임상장학의 도움으로 이익을 얻을 수 있다. 경력상 때때로 매우 경험 있고 능력 있는 교사들까지도 임상장학으로부터 이익을 받을 수 있다. 그러나 효과적인 임상장학이 되기 위해서는 많은 시간을 필요로 하기 때문에 교사 자신이 임상장학을 요구하거나 교장이 볼 때 특별히 임상장학이 필요할 것이라고 생각되는 교사에게 임상적인 노력의 초점을 맞추는 것이 이성적일 것 같다.

문6. 임상장학 과정의 한 부분으로 실시한 관찰자료를 참여한 교사의 평정이나 평가자료를 써도 되나?

답. 전문가의 의견에 의하면 대부분의 경우 장학과 평가를 분리하는 게 바람직한 것 같다. 그러므로 보통의 장학방문은 평가초점이 되어서는 안 된다. 그러나 이 질문에 대한 대답은 교육청의 지침 아래 함께 협의하고 이 문제에 대한 표면적 합의점을 찾으려고 하는 행정가와 교사 쌍방이 결정하는 것이 가장 바람직하다.

문7. 임상장학에서 어떤 기록을 할 것인가?

답. 장학사는 두 가지 종류의 기록을 가질 수 있을 것이다. 첫째, 많은 장학사들은 "임상장학 기록표(clinical supervision log)"를 갖는데 여기에는 (1) 관찰대상 교사명, (2) 관찰학급과 시간, (3) 관찰일, 요일, (4) 피드백 협의회 일시, (5) 협의회의 간단한 요약 등을 기록한다. 이 기록표는 단지 장학사를 위한 의도로 된 기록이다.

둘째, 피드백 협의회 개최에 첨가하여 장학사는 아마 교사에게 보고서를 건네주게 되는데 여기에는 (1) 관찰일시, (2) 관찰 학급과 시간, (3) 중요한 교수학습의 상호작용에 대한 시간순에 따른 요약, (4) 기록된 교수의 강점, (5) 토의를 요하는 문제 등을 포함한다.

부록 B. 협동적 동료장학 개관

문1. 협동적 동료장학이란?

답. 소집단의 교사들이 서로의 수업을 관찰하고 그 관찰에 대하여 협의하면서 자신들의 향상을 위하여 함께 일하는 과정이다.

문2. 몇 회의 관찰과 협의회가 필요한가?

답. 최소한 두 주기의 (1) 관찰전 협의회, (2) 관찰, (3) 관찰 후 협의회를 제안한다. 그러나 많이 할수록 좋다.

문3. 어떤 교사들이 이 협동적 동료장학으로부터 이익을 얻을 수 있나?

답. 모든 교사가 이익을 얻을 수 있다. 그러나 경험이 적은 교사나 특별한 곤란에 부닥치고 있는 교사들은 보다 집중적인 임상장학의 도움을 받아야 할 것이다.

문4. 협동적 팀은 얼마의 크기로 할 것인가?

답. 2, 3명의 팀이 가장 좋을 것이다.

문5. 어떤 교사들이 함께 일해야 하나?

답. 교장과 교사에 달려 있다. 어떤 교사들은 유사한 학급의 동료와 함께 일하고 싶어 하는가 하면 다른 교사들은 전혀 다른 학급의 동료와 함께 일하고 싶어 한다.

문6. 협동적 팀은 무엇을 관찰할 것인가?

답. 동료 관찰자는 관찰받을 교사가 요구하는 어떤 목적을 위해서도 관찰할 수 있다. 즉 (1) 교육과정 내용, (2) 학생행동과 학습, (3) 학급풍토와 환경, (4) 수업기술 등에 결정적 초점을 맞추면 관찰은 보다 더 가치 있을 것이다.

문7. 협동적 동료장학의 가치는 무엇인가?

답. 이것은 교사로 하여금 동료들이 하고 있는 일에 대하여 잘 알 수 있게 해준다. 이것은 교사들에게 자신의 학급에서 시도할 수 있는 새로운 아이디어를 준다. 이 협동적 동료장학은 관찰받은 교사에게 교수에 대한 객관적 피드백을 준다. 또 교사들 사이에 전문적 풍토와 대화를 창조해 준다.

문8. 협동적 동료장학에서 교장의 역할은 무엇인가?

답. 이 프로그램을 조직하고 잘 진행되게 하며, 좋은 형태로 운영되는지 확인하기 위하여 때때로 감독 확인한다.

문9. 협동적 동료장학에서 나온 자료를 평가과정의 한 부분으로 쓸 수 있나?

답. 절대로 안 된다.

문10. 협동적 동료장학에서 어떤 종류의 기록을 유지해야 하나?

답. 프로그램을 감독하기 위하여 교장은 발생하는 일에 대한 기록을 필요로 한다. 이 프로그램이 시작될 때 협동적 팀은 계획의 윤곽을 그린 간단한 양식을 제출하고 프로그램이 끝날 때 무엇을 달성했는지 요약해 주는 두 번째 양식을 제출한다. 이것이 필요한 기록의 전부이다. 앞에서 언급한 것처럼 이러한 기록은 평가목적으로 사용될 어떤 자료도 포함해서는 안 된다.

협동적 계획협의회 개최를 위한 제안

만일 간단한 계획협의회가 선행된다면 교실방문은 보다 더 생산적일 것이다. 다음과 같은 제안은 도움이 될 것으로 본다.

　　1. 상호 동의할 수 있는 일치되는 시간에, 또 쌍방이 비형식적으로 자유롭게 대화할 수 있는 장소에서 계획협의회를 개최하라.

　　2. 비교적 간단하게 협의회를 하라. 쌍방이 확실한 계획을 세울 수 있도록 하기 위해 대체적인 시간제한에 대하여 미리 합의를 하라. 대개 20분이면 계획협의회로서는 충분한 시간이다.

　　3. 어느 수업을 관찰할 것인가에 대하여 합의를 하라. 관찰받을 교사는 동료에게 학급과 수업진도에 관한 배경을 설명해 준다. 예를 들면 "이 학급은 평균 이상의 집단입니다. 몇 학생들은 전연 동기유발이 안 되었어요. 지난 몇 주의 수업에서 기말과제에 대하여 공부했어요"와 같이 설명해 준다.

　　4. 관찰받을 교사는 자신의 수업계획을 간단히 알려 줘야 한다. "과제를 확인하는 것으로부터 수업을 시작하려 합니다. 다음엔 책과 정기간행물로부터 어떻게 노트하는지에 관한 일을 가르치려고 계획합니다. 저는 학생들이 많이 베끼지 않고 훌륭한 노트하는 법을 배우기를 바랍니다."

　　5. 관찰받을 교사는 원하는 피드백의 종류에 대하여 가능한 한 구체적이어야 한다. 만일 관찰에 명확한 초점이 있으면 보다 생산적일 것이다. 그리고 교사는 이 초점을 결정해야 한다. 관찰자는 교수, 학급환경, 또는 학생에 초점을 둘 수 있다. 교사가 결정하는 게 좋다. 이 문제에 대하여는 다음에 좀 더 자세히 논의하게 된다.

말할 것도 없이 원한다면 계획협의회에 더 많은 시간을 보낼 수도 있다. 많은 교사들은 동료들과 자기들의 계획에 대하여 자세히 말하기만 해도 많은 이익이 되었다고 보고하였다. 동료는 자기들의 잠정적 아이디어의 공명판(sounding board)이 될 수 있다. 교사들은 서로 질문하고, 아이디어를 공유하며, 가능한 시나리오(scenarios)를 만들려고 시도한다.

협동적 관찰의 초점

수업관찰을 할 때 관찰자는 무엇을 봐야 하나? 대답은 물론 교사의 관심과 전문적 필요에 달려 있다.

일반적으로 관찰자는 교실 상호작용의 다음 네 측면에 초점을 두어 달라는 요청을 받을 것이다. 우리는 이제 관찰대상 교사의 관점에서 관찰에 대하여 살펴보려고 한다.

1. 교육과정(curriculum): 교사는 교육과정 선택에 대하여 주로 살펴봐 달라고 관찰자에게 요청할 수 있다. 적절한 난이도의 내용을 선정하였는가? 학생에게 흥미 있는 내용인가? 교사는 관찰자에게 방법(how)이 아니라 가르치려고 선정한 내용(what)을 주로 보아 달라고 요청한다.

2. 학생(students): 교사는 관찰자에게 학생을 세밀히 관찰해 달라고 요청한다. 교사가 특별히 걱정하며 관심을 갖는 한 학생을 세밀하게 관찰해 달라고 관찰자에게 요청해도 좋을 것이다. 그렇지 않으면 교사의 눈길이 미치지 못한다고 느끼는 학생들이 있을 수도 있다. 혹은 학급전체와 교사의 일반적인 상호작용에 관심을 가져도 좋을 것이다. 즉 어느 학생을 지명하는가? 어느 학생들이 가장 많이 참여하는가? 어떤 학생들이 주의 집중하지 않는가? 이 모든 정보가 교사에게는 중요할 것이다.

3. 일반적인 교수기술(general teaching techniques): 몇 가지 교수기술은 대부분의 교과에서 그리고 여러 학년수준에 걸쳐서 대체적으로 효과적인 것 같다. 교사는 관찰자에게 다음과 같은 효과적인 교수기술 중의 하나를 자세히 보아달라고 요청하거나 교사들이 몇몇 기술을 어떻게 사용하는지에 대하여 객관적인 피드백을 달라고 요청할 수 있다.

- 교수학습 활동에 많은 시간을 보내고 학급관리(classroom management)에 적은 시간을 보내고 있는가?
- 학생들에게 이성적으로 높은 기대수준을 설정하고 이런 기대를 명백하게 해주는가?

- 학생들에게 학습할 것으로 기대되는 내용과 그것을 배우는 방법을 분명하게 해주는가?
- 가르치는 내용의 흥미가치를 증대시키는가?
- 학습에의 적극적인 학생참여를 증가시키고 높은 정도의 과업집중 학생행동을 계속 유지하는가?
- 학생들에게 배운 것을 적용하고 연습할 기회를 주는가?
- 학생들에게 그들의 학습성취와 수행에 관한 빈번하고 적절한 피드백을 주고 있는가?
- 학생들로 하여금 학습결손을 보충하도록 도와주는가?
- 한 학습장면에서 다음 학습장면으로 부드럽게 옮겨가는가?
- 지나치게 친절하지 않으면서도 온화한 학급분위기를 유지하는가?

4. 구체적 교수기술(specific teaching techniques): 특수교과에서는 특별한 교수기술이 보다 효과적이다. 예를 들면 작문교수(teaching of writing)에 있어서 작문전 활동(pre-writing activities)을 제공하는 것이 대부분의 학생에게 도움이 될 것이다. 관찰자는 교사의 교과나 학년수준에 효과적인 것이라고 알고 있는 이러한 기술들 중에서 어느 하나를 보다 세밀하게 관찰할 수 있다.

물론 미리 정해 놓은 초점 없이 관찰자에게 단지 관찰만 해달라고 관찰자에 요구하는 것도 또한 가능하다. 이런 경우 관찰자는 모든 중요한 교사행동과 학생반응을 노트하기만 한다.

협동적 관찰을 위한 제안

다음은 수업관찰 기술에 관하여 가장 공통적으로 제기되는 질문 가운데 몇 개를 뽑은 것이다. 이제 우리는 관찰자의 관점에서 관찰을 살펴보기로 한다.

문1. 얼마나 오랫동안 관찰해야 하나?

답. 적어도 반시간은 머무르도록 하라. 한 수업장면(learning episode)을 처음부터 끝까지 보려고 노력하라. 중등학교 수준에서는 여러분의 방문이 전 시간 동안 계속되어야 할 것이다.

문2. 어디에 자리를 잡아야 하나?

답. 제일 좋은 곳은 교사의 얼굴과 학생의 얼굴 쌍방을 볼 수 있는 장소이다. 그러나 가능한 한 관찰자 자신이 눈에 띄게 드러나지 않도록 하라.

문3. 노트를 해야 하나?

답. 만일 관찰받는 교사가 노트하지 말아달라고 요청하지 않았다면 관찰자는 수업에서 일어나는 것을 기록하는 어떤 양식을 만들어야 할 것이다. 교실에서는 상당히 많은 일이 진행되고 있으며 기억해야 할 것 또한 상당히 많다.

문4. 무초점 관찰에서는 무엇을 노트해야 하나?

답. 관찰자 자신의 양식을 만들어 관찰자는 3분 간격, 또는 5분 간격으로 시간을 기록하면서 일어나는 일을 적어 나가기만 한다. 또 다른 유용한 양식은 (1) 시간, (2) 교사목표, (3) 교사활동, (4) 학생반응 등의 난을 사용한다.

문5. 초점 관찰에서는 무엇을 노트하나?

답. 마찬가지로 여기서도 최선의 답은 자신의 간단한 양식을 고안하라는 것이다. 교사가 관찰자에게 관찰해 달라고 요청한 것에 대하여 생각하고 필요한 자료를 얻는 데 도움이 되는 양식을 만들도록 하라, 예를 들면 교사가 관찰자에게 학생반응을 보아달라고 요청하였다고 가정하자. 교사의 협조를 받아 학생의 좌석표를 만들고, "자원대답자", "지명에도 무답자" 등과 같은 예측되는 행동을 노트하기 위해 관찰자 자신이 기억하기 쉬운 부호를 사용한다.

협동적 피드백 협의회 개최를 위한 제안

관찰이 끝난 다음 관찰받은 교사와 관찰자는 관찰결과에 대한 토의를 하기 위하여 피드백 협의회를 갖는다. 다음과 같은 지침은 협의회를 생산적으로 만들기 위한 간단한 제안을 해준다.

1. 가장 중요하게 고려해야 할 점은 두 전문가가 공유한 경험을 토의하는 협의회의 모습이다. 관찰자는 판단을 내리는 평가자가 아니다. 뿐만 아니라 교수상의 개선을 가져오려고 노력하는 장학사도 아니다. 관찰자는 수업 중 일어났던 것을 볼 수 있었던 동료이며, 객관적 피드백을 줌으로써, 그리고 그 자료가 의미하는 바에 대하여 교사와 함께 반성함으로써 교사에게 가장 도움이 될 수 있다.

관찰받는 교사가 관찰자에게 (1) 질문을 하고, (2) 자료에 의미를 부여하는 데 지도적 입장을 취하고, (3) 협의회가 끝나는 시간을 결정하면서 의제를 토의한다면 이러한 분위기에서는 모든 것이 잘 성취될 것이다. 만일 관찰받은 교사가 "수업을 어떻게 생각하십니까?"와 같은 질문을 피하면서 관찰자에게 판단을 해달라고 요청하지 않는다면 정보를 나누는 전문적 분위기 또한 달성될 수 있다.

2. 교사는 관찰자에게 어떤 종류의 질문을 해야 하나? 만일 여러분이 무초점 또는 일반적 관찰을 요청하였다면 "학습에서 있었던 내가 놓친 가장 중요한 일은 무엇이었다고 생각하십니까?"와 같은 식으로 질문하라. 그렇지 않으면 "전 수업시간을 통하여 약 절반까지는 학생들의 흥미를 끌었다고 생각합니다. 그때쯤 어떤 중요한 것을 의식했습니까?"와 같은 식의 질문은 흔히 유용

하다. 만일 여러분이 초점 관찰을 요청했다면 질문은 훨씬 쉬워진다. "학생반응에 대하여 무엇을 알았습니까?"와 같이 단지 초점에 대해서만 질문하면 된다.

3. 관찰자는 정보를 나누고 판단을 내리지 않으며 가능한 한 객관적이 되도록 노력하라. 물론 진실된 칭찬이 잘못될 리 없지만 교사들은 무엇보다도 무슨 일이 왜 일어났었는지에 대한 구체적 정보를 원한다.

4. 협의회는 비교적 간단히 끝내라. 20분 정도로 충분할 것이다. 그리고 관찰의 세세한 내용이 아직 생생하게 기억될 때, 즉 가능한 한 관찰 직후 개최하려고 노력하라.

부록 C. 자기장학 개관

문1. 자기장학이란?

답. 교사가 자기 자신의 전문적 성장을 위하여 체계적인 계획을 세우고 1년 동안 그 계획을 실천하는 과정이다.

문2. 어떤 교사가 자기장학으로 이익을 얻을 수 있나?

답. 자기장학은 다음 세 가지 기준에 맞는 교사에게 가장 유용할 것이다. 즉 (1) 경험 있고 능력 있는 교사, (2) 자기분석과 자기지향성에 유능한 사람, (3) 동료와 함께 일하기보다는 자기 혼자서 일하기를 좋아하는 사람.

문3. 자기장학에서 교장의 역할은 무엇인가?

답. 교장은 주로 자원인사로서 봉사한다. 즉 (1) 교사로 하여금 성장을 위한 계획을 개발하도록 도와주고, (2) 필요한 자원을 찾아내고, (3) 진전상황을 평가한다.

문4. 자기장학의 가치는 무엇인가?

답. 이것은 교사로 하여금 전문적 성장을 위해 더 통찰적이고 더 자기지시적이도록 도와주는 것이다. 또 교장과 교사 사이에 생산적 대화를 촉진시켜 준다.

문5. 교사는 자기장학을 어떻게 계획할 수 있나?

답. 개인의 욕구는 각각 다르기 때문에 교사는 어느 정도 융통성을 가져야 한다. 그러나 만일 교사가 자기장학을 위한 계획서를 준비하고 이것을 가지고 교장과 토의한다면 이 프로그램은 가장 유익하리라는 점이 경험에 의하여 시사되었다. 전형적으로 이 계획서는 다음과 같은 구성요소를 포함하게 된다. (1) 연간 전문적 성장목표, (2) 교사가 이 목표를 달성하기를 바라는 수단(독서, 토의, 협의회, 관찰, 수업의 녹음·녹화를 포함하여), (3) 교사가 이 목표를 달성하는 데 필요한 자원(사람, 시간, 재정, 장비, 자료), (4) 진전상황을 평가하기 위하여 교사가 계획한 방법, (5) 교사가 교장에게 요구하는 도움의 종류 등

문6. 전문적 성장목표는 무엇인가?

답. 교사가 교사로서 그 해에 달성하고자 희망하는 자기발전을 위한 하나의 목표이다. 이것은 항상 전문적 성장의 여러 측면과 관련되겠지만 학교체제의 진술된 목표와 직접적으로 관련될 필요는 없다. —만일 교육구가 이러한 연관을 필수적인 것으로 요구하지 않는다면 이것은 교사의 자기발전 노력에 초점을 두고 또 필요한 지원을 제공하는 데 교장을 도와준다. 이 목표를 계량화할 필요는 없지만 분명하고 모호하지 않아야 한다. 여기 전문적 성장목표에 관한 몇 개의 보기가 있다.

- 문제해결 교수에 컴퓨터를 보다 효율적으로 사용하는 것
- 학급에서의 협동적 학습전략에 대하여 배우고 실행하는 것
- 수재아에게 두 개의 새로운 주제단원을 개발하고 가르치는 것

문7. 자기장학에서 나온 자료가 평가과정에 활용되는가?

답. 다만 교사가 이러한 자료를 평가과정에 사용하기를 희망할 때만 교사와 교장은 이 문제에 대하여 명백한 동의를 해야 한다. 대개의 경우 자기평가는 행정가의 교수평정에 있어서 중심적인 중요성이 될 만큼 그렇게 충분히 객관적이지 못하다.

문8. 자기장학에서 어떤 기록을 유지해야 하나?

답. 앞서 말한 것처럼 성문화된 계획은 아마 자기지향 성장을 촉진시켜 줄
것이고 교장으로 하여금 전문적 투입을 할 수 있게 한다. 만일 교사가
학년 말에 기록된 자기평가를 준비하고 교장과 나누어 갖는다면 비록
이 평가가 계속적인 성장과 전문적 대화를 위한 수단으로만 사용된다
할지라도 이것은 교사와 교장 모두에게 유용할 것이다. 앞서 말한 것
처럼 교사의 자기평가는 행정가에 의한 교사평정의 한 부분이 될 수
없다.

부록 D. 전통적 장학 개관

문1. 전통적 장학이란?

답. 전통적 장학은 수업을 잠깐 관찰하고(또는 어떤 장학적 학교활동) 그 관찰에 대하여 교사에게 비형식적 피드백을 주는 하나의 비형식적 과정이다. 교장이 학교에서 빈번하게 눈에 띄고(high visibility), 학교활동과 계속 접촉하며, 순간적 학습평가(assessment)를 하고, 학교의 모든 일에 적극적 흥미를 보여주는 하나의 과정이다.

문2. 이것은 임상장학을 대신할 수 있는가?

답. 안 된다. 이것은 임상장학처럼 체계적이고 집중적이지 못하기 때문에 대신할 수 없다.

문3. 이것의 가치는 무엇인가?

답. 앞서 살펴본 것처럼 여러 가치를 가지고 있다. 즉 교장에게 학교에서 일어났던 것에 관한 자료를 제공해 주며 교장이 적극적으로 관심을 갖고 참여한다는 것을 교사와 학생들에게 보여준다. 또한 교장으로 하여금 직무수행을 감독하고 문제의 상층에 존재할 수 있도록 해준다. 그리고 교장으로 하여금 교수-학습에 관한 간단하지만 빈번한 피드백을 교사에게 줄 수 있도록 해준다.

문4. 교장은 어떻게 전통적 장학을 제공하는가?

답. 정기적으로 교내를 순회하고, 몇 분 동안 교실방문을 위해서 머무르고,

중요한 의미 있는 노트를 하고, 교사에게 적절한 피드백을 제공해 줌으로써 전통적 장학을 한다.

문5. 모든 교사가 전통적 장학을 받는 데 포함되어야 하는가?

답. 모든 교사가 학교와 학교 프로그램의 부분이기 때문에 어떤 방식으로든 포함되어야 한다. 그러나 임상장학을 필요로 하지 않거나 장학대안 중 어느 하나에 포함되기를 바라지 않는 경험 있고 유능한 교사를 위해서 교장은 전통적 장학을 제공하고자 한다.

문6. 전통적 장학의 한 부분으로서 행한 관찰을 평가과정에 포함시킬 수 있나?

답. 이러한 비형식적 관찰이 평가과정에 기여할 수 있다. 그러나 이것이 체계적 평가방문을 대신할 수는 없다. 교장은 전통적 장학과 평가와의 관계에 대하여 교사에게 분명히 밝혀줘야 한다.

문7. 전통적 장학에서 어떤 기록을 유지해야 하나?

답. 교장은 강점이 되는 어떤 교사행동과 개선을 요하는 교사행동에 관한 일화기록을 유지할 것을 권고한다. 이 기록은 관찰일시, 장소, 관련행동에 대한 간단한 기록을 할 수 있어야 한다. 이러한 일화기록은 교사가 언제나 검토해 볼 수 있도록 되어야 한다.

뿐만 아니라 교장은 모든 감독방문의 요일, 시간의 기록을 단지 행정적 목적으로도 유지하고자 할 것이다.

참고문헌

Acheson, K. A., and Gall, M. D. Techniques in the Clinical Supervision of Teachers: Preservice and Inservice Application. New York: Longman, 1980.

Aleamoni, L. M. "The Usefulness of Student Evaluations in Improving College Teaching." Instructional Science 7(January 1978): 95-105.

Aleamoni, L. M. "Student Ratings of Instruction." in Handbook of Teacher Evaluation, pp.110-145. Edited by J. Millman. Beverly Hills, Calif.: Sage, 1981.

Alfonso, R. J. "Will Peer Supervision Work?" Educational Leadership 34(May 1977): 594-601.

Alfonso, R. J.; Firth, G. R.; and Neville, R. F. Instructional Supervision: A Behavior System. Boston: Allyn and Bacon, 1981.

Alfonso, R. J.; and Goldsberry, L. "Colleagueship in Supervision." in Supervision of Teaching, pp.90-107. Edited by T. J. Sergiovanni. Alexandria, Va.: Association for Supervision and Curriculum Development, 1982.

Anderson, G. J., and Walberg, H. J. "Learning Environments." in Evaluation Educational Performance, pp.81-98. Edited by H. J. Walberg. Berkeley, Calif.: McCutchan, 1974.

Armstrong, H. R. "Performance Evaluation." National Elementary Principal 52(February 1973): 51-55.

Ball, E. J. "Structuring a Differentiated Supervisory Program in an Independent School." Ph. D. dissertation, University of Pennsylvania, 1981.

Beck, J. S. "An Individualized Program of Supervision for Teachers of the Learning Disabled." Ph. D. dissertation, University of Pennsylvania, 1982.

Bents, R. H., and Howey, K. R. "Staff Development: Change in the Individual" in Staff Development / Organization Development, pp.11-36. Edited by B. Dillon-Peterson. Alexandria, Va.: Association for Supervision and Curriculum Development, 1981.

Berman, P., and McLaughlin, M. Federal Programs Supporting Educational Change. Vol.8: Implementing and Sustaining Innovations. Santa Monica, Calif.: Rand Corporation. 1978.

Blumberg, A. Supervisors and Teachers: A Private Cold war. 2nd ed. Berkeley, Calif.: McCutchan, 1980.

Brophy, J. E. Using Observations to Improve Your Teaching. East Lansing, Mich.: Institute for Research on Teaching, 1979.

Bryan, R. C. "The Teacher's Image Is Stubbornly Stable." Clearing House 40(April 1966): 459-460.

Calfee, R. "Cognitive Psychology and Educational Practice," in Review of Research in Education 9, pp.3-74. Edited by D. C. Berliner. Washington D. C.: American Educational Research Association, 1981.

Carroll, J. G. "Faculty Self-Evaluation." in Handbook of Teacher Evaluation, pp.180-200. Edited by J. Millman. Beverly Hills, Calif.: Sage, 1981.

Cawelti, G., and Reavis. C. "How Well Are We Providing Instructional Improvement Services?" Educational Leadership 38(December 1980): 236-240.

Chalker, J. "A Field Test of the Feasibility of Implementing a Differentiated System of Supervision and Evaluation in a Selected Suburban High School." Ph. D. dissertation, University of Pennsylvania, 1979.

Cogan, M. L. Clinical Supervision. Boston: Houghton Miffiin, 1973.

Cooper, G. "Collegial Supervision: The Feasibility of Implementation and Particular Effectiveness: on Teacher Attitudes and Job Satisfaction." Ph. D. dissertation, University of Pennsylvania, 1983.

Copeland, W. D. "Affective Disposition of Teachers in Training toward Examples of Supervisory Behavior." Journal of Educational Research 74(September-October 1980): 37-42.

Eaker, R. E. "An Analysis of the Clinical Supervision Process as Perceived by Selected Teachers and Administrators." Ph. D. dissertation, University of Tennessee, 1972.

Edwards, C. H. "Changing Teacher Behavior through Self Instruction and Supervised Micro Teaching in a Competency Based Program." Journal of Educational Research 68(February 1975): 219-222.

Eisner, E. W. The Educational Imagination. New York: Macmillan, 1979.

Eisner, E. W. "An Artistic Approach to Supervision." in Supervision of Teaching, pp.53-66. Edited by T. J. Sergiovanni, Alexandria, Va.: Association for Supervision and Curriculum Development. 1982.

Fenstermacher, G. D. "A Philosophical Consideration of Recent Research in Teacher Effectiveness." in Review of Research in Education 6, pp.157-186. Edited by D. C. Berliner. Washington, D. C.: American Educational Research Association, 1978.

Freeman, G.; Palmer, R. C.; and Ferren, A. S. "Team Building for supervision Support." Educational Leadership 37(January 1980): 356-358.

Fuller, F. F., and Manning, B. A. "Self-Confrontation Reviewed: A Conceptualization for Video Playback in Teacher Education." Review of Educational Research 43(Fall 1973): 469-528.

Garman, N. B. "A Study of Clinical Supervision as a Resource of College Teachers of English." Ph. D. dissertation, University of Pittsburgh, 1971.

Glickman, C. D. Developmental Supervision: Alternative Practices for Helping Teachers Improve Instruction. Alexandria, Va.: Association for Supervision and Curriculum Development, 1981.

Goldhammer, R. Clinical Supervision: Special Methods for the Supervision or Teachers. New York: Holt, Rinehart, and Winston, 1969.

Good, T., and Brophy, J. Looking in Classrooms. 2nd ed. New York:

Harper and Row, 1978.

Gordon, B. "Teachers Evaluate Supervisory Behavior in the Individual Conference." Clearing House 49(January 1976): 231-238.

Gray, F., and Burns, M. L. "Does 'Management by Objectives' Work in Education?" Educational Leadership 36(March 1979): 414-417.

Greene, M. Teacher as Stranger: Educational Philosophy for the Modern Age. Belmont, Calif.: Wadsworth, 1973.

Harris, B. N. Supervisory Behavior in Education. 2nd ed. Englewood Cliffs, N. J.: Prentice-Hall, 1975.

Holdaway, E. A., and Millikan, R. A. "Educational Consultation: A Summary of Four Alberta Studies." Alberta Journal of Educational Research 26(September 1980): 194-210.

Hook, C. M., and Rosenshine, B. "Accuracy of Teacher Reports of Their Teaching Behavior." Review of Educational Research 49(Winter 1979): 1-12.

Iwanicki, E. F. "Contract Plans: A Professional Growth-Oriented Approach to Evaluating Teacher Performance." in Handbook of Teacher Evaluation, pp.203-228. Edited by J. Millman. Beverly Hills, Calif.: Sage. 1981.

Joyce, B., and McKibbin, M. "Teacher Growth States and School Environments." Educational Leadership 40(November 1982): 36-41.

Joyce, B., and Weil, M. Models of Teaching. 2nd ed. Englewood Cliffs, N. J.: Prentice-Hall, 1980.

Kerman, S., "Teacher Expectations and Student Achievement." Phi Delta Kappan 6(June 1979): 716-718.

Kerr, B. J. "An Investigation of the Process Using Feedback Data Within the Clinical Supervision Cycle to Facilitate Teachers Individualization of Instruction." Ph. D. dissertation, University of Pittsburgh, 1976.

Knowles, M. The Adult Learner: A Neglected Species. Houston: Gulf, 1978.

Krajewski, R. J. "Clinical Supervision: To Facilitate Teacher Self-Improvement." Journal of Research and Development in Education 9(Winter 1976):

58-66.

Kulik, C. L.; Kulik, J. A.; and Cohen, P. A. "Instructional Technology and College Teaching." Teaching of Psychology 7(December 1980) 199-205.

Lawrence, G. Patterns of Effective Inservice Education: A State of the Art Summary of Research on Materials and Procedures for Changing Teacher Behaviors in Inservice Education. ERIC Document Reproduction Service, E D 176 424, 1974.

Lawrence, G., and Branch, J. "Peer Support as the Heart of Inservice Education." Theory into Practice 17(June 1978): 245-247.

Leithwood, K. A., and Montgomery, D. J. "The Role of the Elementary Principal in Program Improvement." Review of Educational Research 52(Fall 1982): 309-339.

Lewis, J. Appraising Teacher Performance. West Nyack, N. Y.: Parker, 1973.

Lieberman, M. "Should Teachers Evaluate Other Teachers?" School Management 16(June 1972): 4-6.

Little, J. W. "Norms of Collegiality and Experimentation: Workplace Conditions of School Success." American Educational Research Journal 19(Fall 1982): 325-340.

Lovell, J. T., and Phelps, M. S. "Supervision in Tennessee: A Study of Perceptions of Teachers, Principals, and Supervisors." Murfreesboro, Tenn.: Tennessee Association for Supervision and Curriculum Development, 1976.

McGreal, T. L. Successful Teacher Evaluation. Alexandria, Va.; Association for Supervision and Curriculum Development. 1983.

McGuire, G. K.: Borth, A. M.; Pudendorf, I. E.; and Rose, J. P. "Visiting Other Teachers in Your School: A Basis for Communication." The Elementary School Journal 58(March 1958): 331-334.

McKeachie, W. J. "Student Ratings of Faculty: A Reprise." Academy 65(October 1979): 384-397.

McNeil, J. D. Toward Accountable Teaching. New Yoyk: Holt, Rinehart, and Winston, 1971.

McNeil, J. D. "A Scientific Approach to Supervision." In Supervision of Teaching, pp.18-34. Edited by T. J. Sergiovanni. Alexandria, Va.: Association for Supervision and Curriculum Development, 1982.

McNeil, J. D., and Popham, W. J. "The Assessment of Teacher Competence." in Second Handbook of Research on Teaching, pp.218-244. Edited by M. W. Travers. Chicago: Rand McNally, 1973.

Medley, D. M. "The Effectiventss of Teachers." in Research on Teaching, pp.11-27. Edited by P. L. Peterson and H. J. Walberg. Berkeley, Calif.: McCutchan, 1979.

Minton, E. "Clinical Supervision: Developing Evaluation Skills for Dynamic Leadership." 1982.(Mimeographed.)

Moritz, W., and Martin-Reynolds, J. A. "Split-Screen Video Taping: The Genie in the Bottle." Educational Leadership 38(February 1980): 396-399.

Muir, L. L. "The Rationale, Design, Implementation, and Assessment of a Peer Supervision Program for Elementary Schools." Ph. D. dissertation, University of Pittsburgh, 1980.

Nelson, J.; Schwartz, M.; and Schmuck, R. Collegial Supervision: A Sub-study of Organization Development in Multi-Unit Schools. Bethesda, Md.: ERIC Document Reproduction Service, ED 166-841, 1974.

Perrone, V. Documentation: A Process for Classroom / Program Evaluation and Personal / Professional Learning. Grand Forks, N. D.: Center of Teaching and Learning, 1977.

Peterson, P. L. "Direct Instruction Reconsidered." in Research on Teaching, pp.57-69. Edited by H. J. Walberg. Berkeley, Calif.: McCutchan, 1979.

Reavis, C. A. "A Test of the Clinical Supervision Model." Journal of Educational Research 70(July-August 1977): 311-315.

Redfern, G. B. Evaluating Teachers and Administrators: A Performance Objectives Model. Boulder, Colo.: Westview, 1980.

Ritz, W. C., and Cashell, J. G. "'Cold War' Between Supervisors and Teachers?" Educational Leadership 38(October 1980): 77-78.

Russell, D., and Hunter, M. Planning for Effective Instruction Los Angels: University Elementary School, 1980.

Ryan, K. The Teacher's Story: The Oldest and Newest Form of Educational Research. Bethesda, Md.: ERIC Document Reproduction Service, ED 208 597, 1981.

Santmire, T. E. "Developmental Differences in Adult Learners: Implications for Staff Development." Position paper, 1979.

Sergiovanni, T. J. "Toward a Theory of Supervisory Practice: Integrating Scientific, Clinical, and Artistic Views." in Supervision of Teaching, pp.67-78. Edited by T. J. Sergiovanni. Alexandria, Va.: Association for Supervision and Curriculum Development, 1982.

Shapiro, J. "A Feasibility Study of a Differentiated Supervision and Evaluation Model for Teachers." ph. D. dissertation, University of Pennsylvania, 1978.

Shaw, J. S. "Students Evaluate Teachers and(Better Sit Down) It Works." Nation's Schools 91(April 1973): 49-53.

Shields, C. R. "A Feasibility Study of Differentiated Supervision for Catholic Schools." Ph. D. dissertation, University of Pennsylvania, 1982.

Shinn, J. L. "Teacher Perceptions of Ideal and Actual Supervisory Procedures Used by California Elementary Principals: The Effects of Supervisory Training Programs Sponsored by the Association of California School Administrators." Ph. D. dissertation, University of Oregon, 1976.

Shuma, K. Y. "Changes Effectuated by a Clinical Supervisory Relationship Which Emphasize a Helping Relationship and a Conference Format Made Congruent with the Establishment and Maintenance of This Helping Relationship." Ph. D. dissertation, University of Pittsburgh, 1973.

Smithman, H. H., and Lucio, W. H. "Supervision by Objectives: Pupil Achievement as a Measurement of Teacher Performance." Educational Leadership 31(January 1973): 338-344.

Squires, D. A.; Huitt, W. G.; and Segars, J. K. "Improving Classrooms and Schools: What's Important." Educational Leadership 39(December 1981): 174-179.

Sturges, A. W.; Krajewski, R. J.; Lovell, J. T.; McNeill, E.; and Ness, M. G. The Roles and Responsibilities of Instructional Supervisors. Alexandria, Va.: Association for Supervision and Curriculum Development, 1978.

Sullivan, C. G. Clinical Supervision: A State of the Art Review. Alexandria, Va: Association for Supervision and Curriculum Development, 1980.

Sullivan, C. G. "Supervisory Expectations and Work Realities: The Great Gulf." Educational Leadership 39(March 1982): 448-451.

Withall, H., and Wood, F. H. "Taking the Threat Out of Classroom Observation and Feedback." Journal of Teacher Education 30(January-February 1979); 55-58.

Yinger, R. J., and Clark, C. M. Reflective Journal Writing: Theory and Practice. East Lansing, Mich.: Institute for Research on Teaching, 1981.

Young, J. M., and Heichberger, R. L. "Teacher Perceptions of an Effective School Supervision and Evaluation Program." Education 96(Fall 1975): 10-19.

인명 색인

내용 색인

〈ㄷ〉

〈ㅁ〉

〈ㅂ〉

역자 후기

먹기 싫은 똑같은 음식을 계속 먹어야 하는 사람, 몸에 맞지도 않는 입기 싫은 옷을 다른 사람과 똑같이 입어야 하는 사람, 모임에서 다른 사람이 모두 커피를 마시기 때문에 억지로 똑같이 커피를 시켜야 하는 사람의 입장을 생각해 보라. 그것이 약이라도 된다면 싫은 것도 억지로 마시거나, 먹거나, 입어야 할 것이다.

그런데 약도 되지 못하는 장학을 수십 년 동안 모든 교사에게 획일적으로 똑같이 먹으라고 강요해 온 것이다. 그러면서 교사보고는 어린이 하나하나는 특이하고 각각 다르므로 개별학습을 하라고 한다. 개별장학을 받아보지 못한 사람이 개별학습을 잘할 것인가?

모든 교사의 입맛이 다르고 색감(色感)이 다르듯이 모든 교사의 장학적 필요와 욕구, 부닥친 문제점은 각각 다르다.

이 책(학교)에서는 최소한 네 가지 메뉴, 즉 (1) 임상장학, (2) 협동적 동료장학, (3) 자기장학, (4) 전통적 장학이란 장학대안 중에서 고객인 교사의 입맛에 맞는 것을 골라(선택하여) 먹으라고 한다. 그렇다면 교사는 어느 정도 좋아하는 비슷한 것이라도 먹을 수 있을 것이다. 또 교사들은 끼니마다(해마다) 다른 메뉴를 바꿔 먹을 수도 있을 것이다.

이 책에서 다룬 선택적 장학체제를 교내장학에서 활용할 경우 모든 교사에게 임상장학을 다 적용할 수 없을 뿐만 아니라 또 그럴 필요도 없으므로 (1) 초임교사와 수업지도상 문제점을 가지고 있는 교사, 희망교사, 또 경력교사는 3·4년마다 임상장학을 실시하고, (2) 동료의식이 강한 능력 있는 교사를 중심으로 구성된 학년이나 교과(중·고등학교의 경우)의 교사들에게는 학년부장

교사이나 과주임을 중심으로 한 협동적 동료장학을 하도록 맡기고 교장은 부장을 이끄는 식으로 장학을 하고, (3) 독립심이 강하고 혼자 일하기를 좋아하며 스스로 수업개선과 전문적 성장을 위해서 노력하는 소수의 교사는 계획을 세워 자기장학을 하게 하고, (4) 그 외의 교사 또 모든 교사에게는 전통적 장학을 좀 개선하여 교실방문 후 피드백을 제공해 주는 전통적 장학을 받도록 한다. 1년 후 다른 장학으로 바꾸어(가능한 한 다음 그림의 화살표 방향으로) 장학하는데 경우에 따라서는 같은 장학형태를 계속 적용할 수도 있다(장학결과 바뀐 것이 없다면 계속 집중적인 임상장학을 적용할 수도 있다).

이 선택장학 체제를 시·도 교육청이나 시·군·구 교육(區)청 수준의 장학에서 사용하고자 할 때도 (1) 몇몇 학교는 1년간 집중적인 임상장학방법으로 지도하고, (2) 유능한 교장이 모여 있는 몇 개의 지역은 교장들끼리 지도 교장을 중심으로 지역장학협의회를 조직하여 상호장학하게 하고 시·도 교육청이나 교육청에서는 지도 교장을 지원해 주고 지도하는 식으로 장학하고(교내장학의 협동적 동료장학에 비유), (3) 유능한 교장이 있는 학교는 교장에게 장학을 위임하여 교장을 중심으로 교내장학(교내장학의 자기장학에 비유)을 하게 한다. (4) 그리고 그 나머지 많은 학교는 현재 실시 중인 종합·확인·개별장학을 수업개선에 초점을 두는 방향으로 바꾼 전통적 장학을 실시하도록 하고, 1·2년 후 다른 형태의 장학을 받도록 바꾸어 나가면 상급관청의 장학적 부담은 줄어들고 오히려 장학효과는 높아질 것으로 확신한다. 이것을 요약하면 다음 그림과 같다.

장학사의 필요에 의해서 장학하지 말고 교사의 필요에 의하여 장학해야 한다. 교사는 성인이다. 성인은 어린이들보다 더 개인차가 심하다. 개인차가 심할수록 개별화는 더욱 필요한 것이다. 이 선택장학의 기본 아이디어를 수정·보완·응용하면 우리나라의 장학개선에 많은 도움이 될 것으로 믿어 번역하게 되었다. 우리나라에 임상장학이 소개된 이래 모든 교사에게 획일적으로 적용하려고 하다가 시간적, 노력적으로 곤란하다고 판단되었던 사람들에게 이 책은 좋은 시사점을 주리라 본다. 그러므로 학부, 대학원 학생은 물론 교육행정가, 장학사, 교장, 교감, 교사, 모든 교육 관련자들에게 도움이 되리라 믿는다.

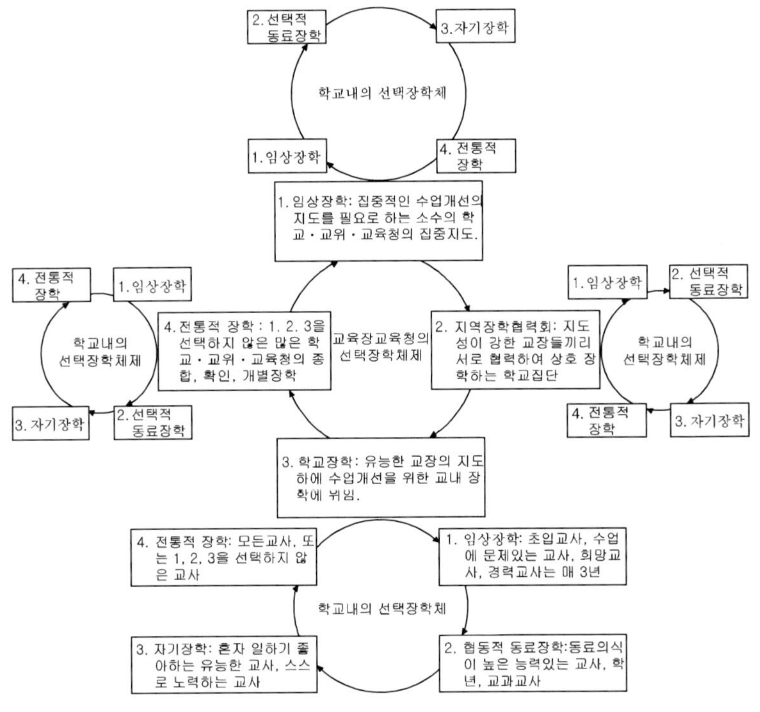

<그림 13> 시·도 교육청·시·군·구 교육(區)청, 학교에서의 선택적 장학체제

역자는 이번으로 여덟 번째 번역판을 내놓는 셈인데 내놓을 때는 여전히 완성감과 함께 부끄러움과 두려움의 감정이 엇갈린다. 그러나 한 권의 책이라도 "내 것"으로 만들어야겠다는 욕심에서 되풀이하고 있다. 독자에게 도움이 되길 바라면서 동시에 지도를 기다린다.

2006년 3월

주　삼　환

●역 자 소 개●

주삼환(朱三煥)

●약력●

서울교육대학 교육학과 졸업
서울대학교 교육대학원 교육행정 전공(교육학석사)
미국 미네소타 대학교 대학원 교육행정 전공(철학박사)
전 서울 시내 초등학교 교사 약 15년
　한국교육학회 회원, 한국교육행정학회 회장(1999)
　미국 오하이오 주립대학교 객원교수(2003~2004)
현 충남대학교 인문대학 교육학과 교수

●저서 및 역서●

『사회과학이론입문』(공역, 한국학술정보(주), 2005)
『한국교육행정강론』(한국학술정보(주), 2005)
『질의 교육과 교육행정』(한국학술정보(주), 2005)
『수업분석과 수업연구』(공저, 한국학술정보(주), 2005)
『교육행정철학』(역, 한국학술정보(주), 2005)
『미국교육행정』(역, 한국학술정보(주), 2005)
『입문 비교교육학』(역, 한국학술정보(주), 2005)
『임상장학』(역, 한국학술정보(주), 2005)
『교육행정사상의 변화』(한국학술정보(주), 2005)
『위기의 한국교육』(한국학술정보(주), 2005)
『교양 인간관계론』(공역, 한국학술정보(주), 2005)
『우리의 교육, 몸으로 가르치자』(한국학술정보(주), 2005)
『전환시대의 전환적 교육』(한국학술정보(주), 2006)
『장학: 장학자와 교사의 상호관계성』(역, 한국학술정보(주), 2006)
『허즈버그의 직무동기이론』(역, 한국학술정보(주), 2006)
『대안적 교육행정학』(공역, 한국학술정보(주), 2006)
『전환적 장학과 학교경영』(한국학술정보(주), 2006)
『교육행정 특강』(한국학술정보(주), 2006)
『올바른 교육행정을 지향하여』(한국학술정보(주), 2006)
『교장의 리더십과 장학』(한국학술정보(주), 2006)
『교장의 질 관리장학』(한국학술정보(주), 2006)
『지방 교육자치와 대학자치』(한국학술정보(주), 2006)
『장학의 이론과 기법』(한국학술정보(주), 2006)
『전환기의 교육행정과 학교경영』(한국학술정보(주), 2006)
『고등교육연구』(한국학술정보(주), 2006)

『교육개혁과 교장의 리더십』(한국학술정보(주), 2006)
『교육조직연구』(한국학술정보(주), 2006)
『선택적 장학』(한국학술정보(주), 2006)
『리더십의 철학』(공역, 한국학술정보(주), 2006)
『교육행정 및 교육경영』(공저, 학지사, 2003, 개정판)
『미국의 교장』(학지사, 2005)
『교육이 바로 서야』(원미사, 2002)
『교육행정 및 교육경영』(공저, 삼광출판사, 1995)
『장학론』(공저, 한국교육행정학회, 1995)
『장학론』(공저, 한국방송통신대학, 1991)
『인간자원장학론』(공역, 배영사, 1987)
『장학론: 선택적 장학체제』(역, 문음사, 1986)
『장학론』(공역, 학문사, 1984)
『교육정책의 새로운 방향』(역, 교육과학사, 1983)
『교육학개론』(공저, 정민사, 1983)
『장학론』(갑을출판사, 1982)
『신장학론』(역, 교육출판사, 1979)

선택적 장학

• 초판 인쇄	2006년 3월 2일
• 초판 발행	2006년 3월 2일
• 지 은 이	A. A. Glatthorn
• 역 자	주삼환
• 펴 낸 이	채종준
• 펴 낸 곳	한국학술정보㈜
	경기도 파주시 교하읍 문발리 526-2
	파주출판문화정보산업단지
	전화 031) 908-3181(대표) · 팩스 031) 908-3189
	홈페이지 http://www.kstudy.com
	e-mail(e-Book사업부) ebook@kstudy.com
• 등 록	제일산-115호(2000. 6. 19)
• 가 격	21,000원

ISBN　　89-534-4832-8 93370 (Paper Book)
　　　　 89-534-4833-6 98370 (e-Book)